JN001073

これだけ覚える **'24年版**

調理師
一問一答
問題集

赤シート
対応

成美堂出版

　調理師資格は、調理師法という法律で身分が規定されています。都道府県知事の免許を取得した人だけが、調理師を名乗ることができるのです。それだけ調理師資格は、社会的な国家資格であるといえます。

　調理師には、3つの大きな使命があります。第1においしい料理を作ること、第2に健康によく、衛生的に安全な料理を作ること、第3に食文化の伝承者であること、です。調理師は、「食」のエキスパートとして、活躍が期待されている存在なのです。

　調理師になるには、2つの方法があります。

　1つ目は、調理師学校を卒業する方法です。これには都道府県知事が認可した養成施設（調理師専門学校）で、1年以上学ぶ必要があります。養成施設では、　調理技術の習得に加え、授業科目として公衆衛生学、食品学、栄養学、食品衛生学、調理理論、食文化概論などを勉強して、調理師に必要な技術と知識を学びます。この養成施設を卒業した人が、都道府県知事の免許を受けて調理師資格を取得することができるのです。

　2つ目は、調理師試験に合格する方法です。調理実務経験が2年以上ある人が、都道府県知事が実施する調理師試験である6科目（公衆衛生学、食品学、栄養学、食品衛生学、調理理論、食文化概論）の筆記試験を受験して合格すれば、調理師免許を取得することができます。

　本書は、調理師資格試験にチャレンジして、調理師資格を取りたいと考えている方のための練習問題集です。2024年版にあたり、最新のデータに更新しましたので、調理技術に自信がある方も、勉強を重ねて専門的な知識をしっかりと身に付けてください。とにかく問題を解いて、理解や知識が不十分な部分を発見し、補強する作業を重ねていくことが、力をつける一番の方法です。また、「試験勉強のポイント！」で、疑問点を確認してください。本書にどんどん書き込みを入れ、自分専用の問題集、学習アイテムに仕立て上げてください。そうすることで、試験合格に必要な知識は短期間で、確実なものとなるはずです。本書を活用した学習が、試験合格の一助となれば幸いです。

2023年12月　伊東　秀子

もくじ

本書の使い方

本書は、調理師資格試験によく出る内容を、一問一答型で学びやすくまとめた問題集です。試験科目である公衆衛生学、食品学、栄養学、食品衛生学、調理理論、食文化概論の6章に分けています。持ち運びしやすい大きさですので、移動中の学習や試験直前のおさらいなど、さまざまな場面でご活用ください。

問題

出る! マーク

このマークが付いている問題は、出題頻度が高いものです。時間がないときなどは、優先的に取り組んで効率よく学習してください。

チェック欄

最低3回は、本書を通して学習しましょう。正解した問題は□内にチェック印を付けて、「3回正解するまでチャレンジする」などのように活用してください。

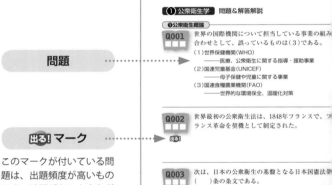

① 公衆衛生学 問題＆解答解説

●公衆衛生概論

Q001 世界の国際機関について担当している事業の組み合わせとして、誤っているものは(3)である。
(1)世界保健機関(WHO)
—— 医療、公衆衛生に関する指導・援助事業
(2)国連児童基金(UNICEF)
—— 母子保健や児童に関する事業
(3)国連食糧農業機関(FAO)
—— 世界的な環境保全、温暖化対策

Q002 世界最初の公衆衛生法は、1848年フランスで、フランス革命を契機として制定された。
出る!

Q003 次は、日本の公衆衛生の基盤となる日本国憲法第( )条の条文である。
出る!
「すべて国民は、健康で文化的な最低限度の生活を営む権利を有する。国は、すべての生活部面について、社会福祉、社会保障、及び公衆衛生の向上及び増進に努めなければならない。」
( )の中に入る正しい数字は、(4)の「25」である。
(1)13　　(2)14　　(3)22　　(4)25

Q004 WHOとは世界保健機関のことで、国際連合(国連)の専門機関の1つである。本部事務局は、国連の本部と同じアメリカ合衆国のニューヨークにある。
出る!

Q005 WHO憲章の「健康」の定義は、「健康とは、身体的・精神的、(A)に完全に良好な状態であることであり、単に疾病や虚弱でないということではない。」である。(A)に入る語句は、「社会的」である。

得点アップのツボ! 日本国憲法第25条は、日本の公衆衛生の基本です。条文の内容が□□□く出題されるため、しっかりと目を通しておきましょう。

24

❶ 試験勉強のポイント！で、科目ごとの重要部分を学習

科目ごとに、覚えておきたい知識・情報をまとめています。重要語句が覚えやすいゴロ合わせも用意しました。チェック欄もあるので、赤シートを活用して、ちゃんと覚えたか、3回は確認してみましょう。

❷ 一問一答で問題にチャレンジ

左ページの問題を解きましょう。正解・不正解にかかわらず、赤シートで隠して解説を読み、より多くの知識を学んでください。

第❶章 公衆衛生学
試験勉強のポイント！

解答

A001
（3）が誤っているので○。国連食糧農業機関（FAO）は世界的な食料や農産物、栄養改善に関する事業を行っている。

解説

赤字は試験で問われることも多い重要な用語です。赤シートで隠して学習し、関連する用語も幅広く覚えてください。

A002
世界で初めて**イギリス**で、産業革命を契機として公衆衛生法が制定された。産業革命は、産業が発展した一方で、感染症の大流行や生活環境の悪化、貧困をもたらした。イギリス人のチャドウィックはこの状況を「サニタリー・レポート」として発表し、これがきっかけとなって、公衆衛生法が制定された。

A003
日本の公衆衛生は、日本国憲法第25条によって定められている。第25条は国民の健康生活権、国家の至上責務を示しており、生存権規定という。第25条に基づく行政を衛生行政、法律を衛生法規という。

A004
WHOとは世界保健機関といい、国際連合の専門機関である。国際的な保健衛生事業を行っている。本部事務局は、スイスのジュネーブにある。

得点アップのツボ！

得点アップのために必要な、問題に関連した知識・情報の覚え方をまとめています。問題を解いたあとに読み、効率よく学習できるようにしてください。

A005
WHOの健康の定義は、「健康とは、身体的、精神的、社会的に完全に良好な状態であることであり、単に疾病や虚弱でないということではない」である。

 得点アップのツボ
WHOについては、世界保健機関、国際連合、スイスのジュネーブ、国際保健活動、これらのキーワードとともに覚えておきましょう。

※本書は、原則として2023年12月時点での情報に基づいて構成、編集されています。

●出題範囲は、「健康」に関するすべての事柄
●健康に関する日本の行政・健康づくり対策、年代や立場ごとの健康対策（母と子、高齢者、学校や職場、心の健康）について
●日本人の健康現状、死因、食料供給、感染症の流行、環境対策について
●出題範囲は広く、まんべんなく出題されるため、一度は全体に目を通して、幅広く学習することが大切

1 公衆衛生概論

①ウインズローの定義　（CHECK! □□□）

「公衆衛生は、共同社会の<u>組織的な努力</u>を通じて、疾病予防、寿命延長、健康の増進を図る<u>科学・技術</u>である」としている。

②WHO（世界保健機関）の健康の定義　（CHECK! □□□）

「健康とは、<u>身体的</u>、<u>精神的</u>並びに<u>社会的</u>に完全に<u>良好</u>な状態にあることであり、単に<u>疾病</u>ではない、<u>虚弱</u>ではないということではない」としている。

健康

③ヘルスプロモーション　（CHECK! □□□）

1986年、<u>WHO</u>が提唱。人々が自らの健康をコントロールし、改善することができるように、すべての政策を健康づくりの面から見直すことであり、<u>健康政策</u>の必要性を唱えたものである。

④日本国憲法第25条　（CHECK! □□□）

「すべて国民は、<u>健康で文化的な最低限度</u>の生活を営む権利を有する。国は、すべての生活部面について、社会福祉、社会保障及び<u>公衆衛生</u>の向上及び増進に努めなければならない」という第25条は、国民の<u>健康生活権</u>、国家の<u>至上責務</u>を表し、<u>生存権</u>について規定したものである。

コロで覚える！　WHOの健康の定義
誰でも心身達者ならよいが、ドーンと病弱。
身体的、精神的、社会的、良好、疾病、虚弱でない

2 調理師法

①法の目的　CHECK! □□□

　調理師の資質向上、調理技術の合理的発達、国民の食生活向上が目的。このために資格要件など免許制を定めた、調理師の身分法である。

②調理師の定義　CHECK! □□□

　調理師法における調理師とは、調理師の名称を用いて調理の業務に従事できる者で、都道府県知事から免許を受けた者をいう。

③調理師免許の取得　CHECK! □□□

　調理師免許の取得には、養成施設で技術・知識を学ぶ方法と、一定の経験を積んでから試験を受ける方法の２つがある。

覚える！ 免許取得の方法

養成施設卒業による取得　**出る！**	都道府県知事が指定した調理師養成施設（調理師学校）で１年以上、調理師として必要な知識・技能を習得した者は、都道府県知事に申請をして免許の交付を受けることができる。
調理師試験の受験による取得　**出る！**	厚生労働省令で規定された飲食営業施設で２年以上の調理実務経験がある者は、都道府県知事が実施する調理師試験に合格したのち、都道府県知事へ申請して免許の交付を受けることができる。
	ウエイトレス、出前持ち、皿洗いなど調理に携わらない業務は、実務経験として認められない。

④免許の申請、登録及び交付　CHECK! □□□

調理師免許の申請	都道府県知事に免許申請を行う。
↓	
調理師名簿への登録	審査され、欠格事由などに問題がなければ、都道府県知事により調理師名簿に登録される。
↓	
調理師免許証の交付	名簿に登録後、都道府県知事から調理師免許証が交付される。

ゴロで覚える！ 免許取得の方法
飲食２年で長寿に！
飲食営業施設で、２年、調理師試験、受験

7

⑤名称独占　(CHECK! □□□)　出る!

調理師は**名称独占資格**であり、**調理師免許**を受けた者だけが調理師と名乗ることができる。

調理師免許のない者が調理師と紛らわしい名称を使用した場合、名称独占違反として**30万円**以下の罰金に処せられる。

⑥免許の欠格事由　(CHECK! □□□)

免許の欠格事由には、免許が与えられない**絶対的欠格事由**と、免許が与えられない場合がある**相対的欠格事由**とがある。

覚える! 欠格事由

絶対的欠格事由	調理業務で食中毒など衛生上の重大事故を起こし、免許取消処分を受けた後**1年**未満の者。
相対的欠格事由	<u>麻薬</u>などの中毒者。
	<u>罰金刑以上</u>に処せられた者。

⑦名簿登録事項の変更・削除　(CHECK! □□□)

調理師は、次のような場合には登録内容の変更・登録抹消が行われる。いずれも**都道府県知事**に届出をすることが必要。

覚える! 登録名簿の変更と削除

名簿登録事項の変更	本籍地や氏名などに変更が生じた場合、**30日**以内に届け出る。
名簿の削除・返納	死亡、失踪などの宣告を受けた場合、**30日**以内に届け出る。
	削除を申請したり免許の取消処分を受けたりした場合、**5日**以内に免許証を返納する。

⑧調理師の設置努力義務　(CHECK! □□□)

1981年の調理師法改正により、<u>飲食営業施設</u>は調理師を置くよう<u>努めなければならない</u>(<u>設置努力義務</u>)と定められた。

> **義務と努力義務の違い**
> 義務：「～しなければならない」
> 努力義務：「～よう努めなければならない」

ゴロで覚える!　欠格事由
自由に早退したママはパツキン美女。
相対的欠格事由、麻薬中毒者、罰金刑以上

8

3 衛生統計

① 人口静態統計 （CHECK! □□□）

一時点の人口の状態をみたもの。国勢調査の結果をもとに、人口の状態を把握する。特に、年齢3区分（年少＝0～14歳、生産年齢＝15～64歳、老年＝65歳以上）、人口ピラミッド（性別・年齢別、星型、丙午は激減）は覚えておこう。

覚える！ 人口静態統計　関連用語

国勢調査 出る！	5年ごとの10月1日午前0時現在の人口の状態について、日本全体を調査する（全数調査または悉皆調査という）。総務省が実施する。
総人口	日本の総人口は、2022（令和4）年10月1日現在で約1億2,495万人であり、2050年には1億人を切る予測である。
	世界人口は、2023年推計で約80億人である。第2次世界大戦後、人口爆発。世界人口では、第1位国はインド、第2位国は中国である。
年齢3区分 出る！	年少人口＝0～14歳人口、生産年齢人口＝15～64歳人口、老年人口＝65歳以上人口。
	2022年で年少人口は11.6％、生産年齢人口は59.4％、老年人口は29.0％である。
従属人口指数	生産年齢人口の扶養負担を表す指標。
	$\dfrac{（年少人口＋老年人口）}{生産年齢人口}\times100$
	2022年は68.4、つまり1.5人で1人を支える計算。
少子高齢社会 出る！	年少人口が少なく、老年人口が多い社会のこと。
	高齢化の進み具合を老齢化スピード（高齢化率と呼ぶ）として、老年人口が7％から14％の2倍になるのに要した年数で表す。日本は24年である。

 コロで覚える！ 人口ピラミッド
ピラミッド好きの青年が欲しがるヒノキと馬が激減。
ピラミッド、性別・年齢階級、星型、丙午、激減

人口ピラミッド	<u>性別・年齢階級別の人口構成</u>を図示したものである。
	日本の人口ピラミッドは、2回のベビーブームがあり、星型を示した。第1次ベビーブーム（1947～1949年生まれ）世代を<u>団塊の世代</u>という。1966年の丙午の年は出生率が激減し、人口ピラミッドに凹みが出現し、現在はつぼ型に移行しつつある。

②人口動態統計　CHECK! ☐☐☐

　一定期間（1年間）の人口の動きをみたもの。<u>市区町村</u>への届出をもとに、<u>厚生労働省</u>が集計・分析する。

覚える! 人口動態統計　関連用語

<u>出生率</u>	人口**1,000**人に対する<u>出生数</u>で表す。
	$$\frac{1年間の出生者数}{10月1日現在日本人人口} \times 1,000$$
	日本は2022年で6.3と、<u>減少傾向</u>になっている。
合計特殊出生率　**出る!**	<u>15～49</u>歳の女性の年齢別出生率の合計。1人の女性が一生に産む子どもの数の平均を表す。**2.08**未満だと人口は減少する。日本は2022年で**1.26**なので、少子化で人口が減少することが明らかである。
（粗）死亡率	人口**1,000**人に対する死亡数で表す。
	$$\frac{1年間の死亡者数}{10月1日現在日本人人口} \times 1,000$$
	2022年は12.9で<u>出生率</u>＜<u>死亡率</u>となる。
乳児死亡率　**出る!**	出生**1,000**件に対する1歳未満の<u>乳児死亡数</u>で表す。
	$$\frac{1年間の乳児死亡者数}{その年の年間出生者数} \times 1,000$$
	<u>公衆衛生</u>の状態を知る指標となり、低い値ほど公衆衛生が<u>良好</u>である。日本は2022年で**1.8**を示し、世界最低値国となり、公衆衛生が良好な国であると評価される。
<u>乳児</u>	生後**1**年未満児
<u>新生児</u>	生後**4**週（**28**日）未満児
<u>早期新生児</u>	生後**1**週（**7**日）未満児

ゴロで覚える!　合計特殊出生率
イチゴでシクシク、ショーで子ども金ピカ。
<u>15～49</u>歳、<u>一生</u>、<u>子ども</u>、<u>平均</u>

	2022年の死因		
死因構造 出る!	順位	死因	病　名
	1位	悪性新生物	胃がん、肺がん（男性の第1位）、大腸がん（女性の第1位）
	2位	心疾患	虚血性心疾患→心筋梗塞、狭心症
	3位	老衰	高齢者で他に死因のない自然死
	1、2位が生活習慣病（死亡割合の約50%）		
	1935〜1950年の死因第1位は結核（感染症）。現在は、生活習慣病が死因順位の1、2位を占める。		
平均寿命 出る!	0歳時の平均余命をいう。		
	0歳の子どもが平均して何歳まで生きるかを表したもの。2022年では男性81.05歳、女性87.09歳で男女ともに世界でトップクラスの長寿国である。		
平均余命	すでにある年齢に達している人が、平均して何歳まで生きるかを表したもの。		
健康寿命	健康で元気で活動できる期間をいう。WHOが発表した2019年の日本の平均健康寿命は男性72.7歳、女性75.4歳で、世界最高水準値である。		

③その他の統計　(CHECK! □□□)

　人口統計のほかに、以下のような統計がある。特に食料自給率が何ベースで表されているか、日本は何%かを押さえておこう。

覚える! 統計　関連用語

患者調査	医療機関を利用した患者についての調査で、3年ごとに実施。
受療率	ある時点で医療機関を受診した患者を、人口10万人当たりに換算して表したもの。
国民生活基礎調査	3年ごとに行う大規模調査では、健康・医療福祉・介護などについてもデータを収集する。
国民健康・栄養調査 出る!	国民の身体状況、生活習慣、栄養摂取状況、食生活状況についての調査。1年ごとに実施。喫煙率は男性27%、女性8%で男性は低下傾向、女性は横ばい。
	朝食の欠食率は、男は40歳代、女は30歳代が最も多い。

ゴロで覚える!　国民健康・栄養調査
国民がしんじょと清酒、ええ気分で食す。
身体状況・生活習慣・栄養摂取状況・食生活状況

食料 需給表	フードバランスシートとも呼ばれる。FAOのガイドライ ンに従って、農林水産省が作成している。
食料 自給率 出る!	カロリーベースで表されることが多い。日本は約38% （2022年）である。
	食料自給率の低い品目は、小麦、とうもろこし、大豆、 砂糖などである。
	食料自給率の高い品目は、米、野菜、乳・乳製品である。

4 感染症予防

①感染症成立の３大要因　(CHECK! □□□)

　感染症にかかわる問題は出題頻度が高い。特に感染源と感染経路、感受性の３条件、すなわち３大要因がすべてそろうと、感染症が発生する。主な感染経路には、飛沫、垂直、水系、媒介動物の４つがある。

覚える! 感染症　関連用語

感染源	病原体を保有する人（患者、保菌者）、動物のこと。
感染経路	病原体が、ほかの人に感染するルートのこと。
飛沫感染	くしゃみ、咳から感染する。
垂直感染	母体を通して、母から子へ感染する。
水系感染	水から感染する。
媒介動物感染	ネズミ、ノミ、ダニなどから感染する。
感受性	感染症への抵抗力があるか、免疫力があるか、感 染のしやすさをいう。
免疫	体内に侵入した異物に対して自己と非自己を識 別して、非自己である病原体を排除する抵抗力 （抗体）を持つことをいう。予防接種により免疫は 人工的に獲得できる。

②新興感染症・再興感染症　(CHECK! □□□)

　感染症は、新興と再興の２つに分けられる。それぞれの定義と、該当する主な感染症を押さえておこう。

ゴロで
覚える!　感染症
いかんせんヒマ。睡魔に襲われ爆睡したばい。
感染経路、飛沫感染、垂直感染、水系感染、媒介動物感染

覚える！ 新興・再興感染症 関連用語

新興感染症 **出る！**	未知の病原体により発生する感染症のこと。
	エイズ（HIV）、エボラ出血熱（エボラウイルス）、鳥インフルエンザ（H5N1型ウイルス）、ウエストナイル熱（ウエストナイルウイルス）など。
再興感染症 **出る！**	根絶したはずの病原体の再出現による感染症のこと。
	結核（結核菌）、薬剤耐性・院内感染症（メチシリン耐性黄色ブドウ球菌など）など。

※カッコ内は病原体

③感染症と病原体　CHECK! ☐☐☐

　病原体とは、感染症の原因となる微生物のこと。代表的な病原体と、主な感染症を押さえておこう。

覚える！ 感染症と病原体 関連用語

細菌による感染症	赤痢、コレラ、腸チフス、腸管出血性大腸菌感染症、ペスト、結核など。
ウイルスによる感染症	インフルエンザ、麻疹（はしか）、天然痘、エイズ、日本脳炎、新型コロナウイルス感染症（COVID-19）など。
リケッチアによる感染症	発疹チフス、ツツガムシ病、発疹熱など。
原虫による感染症	マラリア、クリプトスポリジウム症、アメーバ赤痢、トキソプラズマ症など。

④感染症と衛生動物　CHECK! ☐☐☐

　衛生動物とは、人体に直接的な害を及ぼす動物のこと。代表的な衛生動物と主な感染症、その原因を押さえておこう。

覚える！ 病原体と衛生動物 関連用語

ネズミ	ネズミに付着した昆虫が原因＝ノミ→ペスト、ダニ→ツツガムシ病、シラミ→発疹チフス
	ネズミの排泄物が原因＝尿→ワイル病、糞→サルモネラ症
	ネズミが人を噛む＝鼠咬症
蚊	ハマダラカ→マラリア、ヒトスジシマカ→デング熱
ゴキブリ	赤痢などの消化器系感染症

ゴロで覚える！ 再興感染症
今月行った病院で、結局役に立たなかった印鑑。
根絶した病原体による結核・薬剤耐性・院内感染症

13

⑤感染症法（感染症予防法） CHECK! □□□

1998年に制定された感染症の**予防**、**患者の医療**、**まん延防止**などを目的とした法律。

覚える! 感染症法 関連用語

類型 出る!	危険度の高いものから順に、感染症を、**1〜5類**及び**新感染症・指定感染症**と**新型インフルエンザ**に分類し、類型ごとに対策を定めた。
医師の届出	医師は患者を診断した場合、<u>保健所長を経由して</u>都道府県知事に届け出る。<u>1〜4類</u>と**新型インフルエンザ**はただちに、**5類**は7日以内に（一部はただちに）届け出る。
患者の入院	1、2類及び新型インフルエンザの患者は、感染症指定医療機関に人権へ配慮しつつ**入院隔離**する。
消毒	1〜4類及び新型インフルエンザでは、法律による**消毒**が定められている。
結核予防法の廃止	廃止により、結核は感染症法の**2類感染症**となった。
まん延防止対策	病原体の管理体制の整備と徹底を行う。 <u>感染症発生動向調査（サーベイランス）事業</u>として、医療機関の定点観察と情報公開を行う。

覚える! 感染症の類型分類

1類感染症	エボラ出血熱、クリミア・コンゴ出血熱、痘そう、南米出血熱、ペスト、ラッサ熱、マールブルグ病
	感染力、重篤度などの観点から、極めて危険度が高い感染症
2類感染症	急性灰白髄炎（ポリオ）、結核、重症急性呼吸器症候群（SARS）、鳥インフルエンザ（H5N1型、H7N9型）、中東呼吸器症候群（MERS）、ジフテリア
	感染力、重篤度などの観点から、危険度が高い感染症

 コロで覚える!

医師の届出
医師とインテリ、ただちに粉届ける。
<u>1〜4類</u>、<u>新型インフルエンザ</u>、<u>ただちに</u>、<u>5類</u>、<u>7日以内</u>

3類感染症	コレラ、細菌性赤痢、腸管出血性大腸菌感染症(O-157など)、腸チフス、パラチフス
	危険度は1類2類に比べて高くはないが、特定の職業への就業によって、感染症の集団発生が起こりうる感染症
4類感染症	E型肝炎、A型肝炎、黄熱、Q熱、狂犬病、ボツリヌス症、マラリア、野兎病、炭疽、鳥インフルエンザ(H5N1型、H7N9型を除く)、その他政令規定の感染症
	飲食物、動物を介して人に感染し、国民の健康に影響を与えるおそれのある感染症
5類感染症	インフルエンザ(鳥インフルエンザ、新型インフルエンザを除く)、ウイルス性肝炎(E型、A型肝炎を除く)、クリプトスポリジウム症、後天性免疫不全症候群(エイズ)、梅毒、性器クラミジア感染症、麻疹(はしか)、メチシリン耐性黄色ブドウ球菌感染症　その他省令で規定した感染症
	国が感染症発生動向調査を実施し、結果に基づいて必要な情報を国民や医療関係者に提供・公開することにより発生・拡大を防止すべき感染症
新型インフルエンザ等感染症	新型インフルエンザ、再興型インフルエンザ　新型コロナウイルス感染症・再興型コロナウイルス感染症(2023年5月より、5類感染症に変更)
	全国的かつ急速なまん延により、国民の生命・健康に重大な影響を与えるおそれがある感染症
指定感染症	政令で1年間に限定して指定される感染症(延長含め最大2年間に限定)
	1～3類及び新型インフルエンザ等感染症の既知の感染症に分類されない感染症で、1～3類に準じた対応が必要な感染症
新感染症	対象感染症は現在なし　政令で症状等の要件指定をしたあとに、1類感染症と同様の扱いをする感染症
	既知の感染症と症状が明らかに異なり、重篤度から判断した危険性が極めて高い感染症

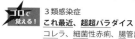

ゴロで覚える！ 3類感染症
これ最近、超超パラダイス
コレラ、細菌性赤痢、腸管出血性大腸菌感染症、腸チフス、パラチフス

5 疾病予防及び健康づくり対策

疾病予防の段階と国民健康づくり対策 CHECK! □□□

覚える! 健康づくり対策 関連用語

疾病予防の段階	第3次予防	機能の維持・回復、治療、または治療後の悪化防止。
		治療、リハビリ(機能回復訓練)、厚生医療など。
	第2次予防	症状が明確に現れていなくて、自覚がない段階での早期発見・早期治療。
		集団検診、定期健康診査、人間ドックなど。
	第1次予防	健康な段階で疾病要因を取り除く、発症予防、健康の維持増進。
		健康教育、食生活の改善、禁煙、体力増進、環境整備、予防接種など。

健康づくり対策の流れ	第1次国民健康づくり対策(1978～1987年)	●第2次予防のために早期発見・治療の実現。 ●生涯を通じての健康づくりのための健診。
	第2次国民健康づくり対策(1988年から10年間)アクティブ80ヘルスプラン	●第1次予防の推進。 ●80歳になっても元気で生活できること。 ●栄養、運動、休養対策の推進。 ●健康運動指導士などの養成。
	第3次国民健康づくり対策(2000～2012年)「健康日本21」	「健康日本21」推進のため健康増進法を制定。 ●第1次予防の継続(ゼロ次予防)の推進。 ●21世紀にすべての国民が元気になる。 ●健康寿命の延伸とQOL(クオリティ・オブ・ライフ、生活の質)の向上が目標。
	21世紀における第2次国民健康づくり対策(第4次国民健康づくり対策)(2013年から510年間)「健康日本21・第2次」	●健康寿命の延伸と健康格差縮小。 ●生活習慣病発症・重症化の予防。 ●栄養・食生活、身体活動・運動、休養、飲酒、喫煙、歯・口腔の健康、これらの改善。 「健康日本21」から継続された対策。 ●未成年者の喫煙、飲酒防止。 ●受動喫煙防止。 ●歯については「8020運動(80歳で20本の歯を保つ)」を継続。

コロで覚える! 8020運動
八百屋におどろき、派遣される。
8020運動で、歯を健康にする

6 健康増進法

①目的 (CHECK! □□□) 出る!

健康増進法は、①「健康日本21」の開始、②超高齢社会を背景に作られた法である。国民の健康推進の基本的事項を定め、「健康日本21」の推進と超高齢社会に向けた生活習慣改善と健康増進を図る。

②国民の責務と相互の協力 (CHECK! □□□)

国民を含めた関係者の責務と、相互協力について示されている。

覚える! 関係者の責務 関連用語

国民	健康な生活習慣の重要性への関心と理解を深め、自分の健康状態の自覚と健康増進に努める。
国・地方公共団体	正しい知識の普及、情報の収集・整理・分析・提供、研究推進、人材の養成など。
健康増進事業実施者	健康教育、健康相談事業など、健康増進事業の積極的推進。
関係者の協力	相互に連携しながら協力する。

③基本方針等 (CHECK! □□□)

基本的な方針を定めるのは厚生労働大臣。この方針を勘案し、以下のような対策が取られる。

覚える! 基本方針 関連用語

国による基本方針	①国民の健康増進に関する事項、②健康増進事業実施者間の連携・協力に関する事項、③食生活、運動、飲酒、喫煙、歯の健康など、生活習慣に関する正しい知識の普及に関する事項など。
地方自治体による健康増進計画策定	都道府県健康増進計画→義務 市町村健康増進計画→努力義務
健康診査等指針／ガイドライン	国が健康増進事業実施者に対して健康診査等指針を定める。
	事業実施者は、国民に対して健康診査を行い、その結果を通知するとともに健康手帳の交付事業を実施する。

ゴロで覚える! 健康増進法の目的
健康な21歳が超高層ビルを政界に建造。
健康日本21、超高齢化、生活習慣改善、健康増進

17

④国民健康・栄養調査等 (CHECK! ☐☐☐)

　国民健康・栄養調査は、国民の健康の増進の総合的な推進を図るための基礎資料として行われるもの。特に国民の**生活習慣**と**がん**、**循環器病**など、**生活習慣病**の発生の状況の把握に努めるとされている。

> ●調査実施者は**厚生労働大臣**、費用は**国**が負担。
> ●毎年**1**回の調査。
> ●調査項目は、①**国民の身体状況**、②**栄養摂取量**、③**生活習慣の状況**。
> ●調査地区は**厚生労働大臣**が定め、調査世帯は**都道府県知事**が指定。
> ●調査事務は**都道府県**が行い、集計は**国立健康・栄養研究所**が行う。

※新型コロナウイルス感染症の影響により、2020～2021 (令和2～3) 年は調査中止。

⑤生活習慣病の発生の状況の把握 (CHECK! ☐☐☐)

　国・地方公共団体は、生活習慣と**生活習慣病**との相互関係を明らかにするために生活習慣病の**発生状況**を把握する。

⑥保健指導及び栄養指導の実施 (CHECK! ☐☐☐)

　保健指導・栄養指導においては、以下のように役割が決められている。

覚える! 保健指導・栄養指導　関連用語 ―――――

市町村	医師、歯科医師、保健師、助産師、看護師、栄養士などに**栄養指導・保健指導・相談**を行わせる。
都道府県	栄養指導のうち、特に専門的な知識が必要なものや**特定給食施設**の栄養管理についての指導を行う。
都道府県知事	指導を行うための**栄養指導員**(医師か管理栄養士)を**任命**する。

⑦特定給食施設における栄養管理 (CHECK! ☐☐☐)

　特定給食施設は健康増進法のほか、健康増進法施行規則なども参照。

覚える! 特定給食施設の栄養管理　関連用語 ―――――

特定給食施設の定義と栄養管理	定義→**1**回**100**食以上または**1**日**250**食以上、特定多人数に**継続的**に提供する給食施設。 栄養管理→**栄養士**か**管理栄養士**の配置努力義務がある。 ※**病院**などは、施行規則で配置義務が定められている。

コロで覚える! 健康増進法の基本方針
謙信が失恋、協力して運河に酒・タバコを破棄。
健康増進、(事業者間)連携・協力、(生活習慣)食生活・運動・飲酒・喫煙・歯の健康

施設設置者の届出	事業開始日から1ヵ月以内に都道府県知事に届出義務がある。
措置(立入検査等)	都道府県知事の指導、助言に従わない施設設置者に対し、勧告・命令の措置を行うことができる。

⑧受動喫煙の防止　CHECK! ☐☐☐

　学校、病院、劇場、百貨店、官公庁施設、飲食店など多人数が利用する施設の管理者は、受動喫煙を防止するために必要な措置を講じなければならない。2020年4月からは受動喫煙対策の強化が実施されている。

⑨特別用途表示　CHECK! ☐☐☐

　特別な用途を表示する食品を特別用途食品という(65ページ参照)。

⑩罰則　CHECK! ☐☐☐

　国民健康・栄養調査に関する事務に従事した者、研究所の職員、国民健康・栄養調査員などの違反行為に対して、罰則が定められている。

7　加齢と健康

①母子保健　CHECK! ☐☐☐

　出産や子育てなど、母と子の健康にかかわる対策のこと。周産期死亡率の計算式は覚えておこう。

 覚える！ 母子保健　関連用語

周産期死亡周産期死亡率	妊娠22週以降の胎児の死亡＋早期新生児死亡を周産期死亡という。
	周産期死亡を、出産件数1,000件に対してみたものが周産期死亡率である。日本は3.3(2022年)で低い値。
母子保健サービス事業	母子保健法に基づき、市区町村が実施している。母子健康手帳は、妊婦が市区町村に届け出て交付される。

 特別用途表示
特別な用もなく、そうそう火星には行けんから召喚だ。
特別用途表示、内閣総理大臣、許可・申請、意見聴取、消費者庁長官

②学校保健　(CHECK! □□□)

学校保健の対象となるのは、<u>幼稚園～大学の児童・生徒・学生</u>、及び<u>教職員</u>。学校保健は、この対象者に対して実施される。

覚える! 学校保健　関連用語

保健教育	保健学習と保健指導、<u>健康について学ぶ</u>。
保健管理	対象者の<u>健康管理・学校衛生安全管理・生活管理</u>。対象者の<u>健康を守る</u>。
	感染症予防のため、<u>学校長</u>は感染症感染者を<u>出席停止</u>にできる。<u>臨時休校</u>は学校設置者が行う。

③産業保健　(CHECK! □□□)

産業保健(労働衛生)においては、労働衛生対策をはじめ、職場特有の作業や環境によって生じる<u>職業病</u>、また作業中に起こる事故など、<u>労働災害</u>の防止や対処に注意をしなければならない。

覚える! 産業保健　関連用語

労働衛生の基本対策	職場の衛生管理には①<u>作業環境</u>、②<u>作業管理</u>、③<u>労働衛生教育</u>、④<u>健康管理</u>、⑤<u>労働衛生管理体制の整備</u>がある。
	上の④健康管理では<u>健康診断</u>を行う。 <u>一般健康診断</u>→雇い入れ時、定期、特定業務従事者、結核検診、給食従業員の検便 <u>特殊健康診断</u>→職業病が発生しやすい作業従事者
職業病	高温作業では<u>熱中症</u>、アスベスト作業では<u>中皮腫</u>、粉じん作業では<u>じん肺</u>、高圧作業では<u>減圧症</u>が発生しやすい。
労働災害	作業中に発生する<u>事故</u>や<u>災害</u>をいう。労働災害の認定は、<u>労働基準監督署</u>が行う。

ゴロで覚える！　労働衛生の基本対策
2人の左官の影響でケンカ態勢。
作業環境・作業管理、労働衛生教育、健康管理、労働衛生管理体制の整備

④高齢者保健　（CHECK! □□□）

覚える！ 高齢者保健　関連用語

高齢者の医療の確保に関する法律	<u>75歳以上</u>の後期高齢者の<u>医療制度</u>。
	運営主体は<u>市区町村</u>が加入する後期高齢者医療広域連合で、保険料の決定や医療の給付を行う。
	被保険者は<u>75歳以上</u>及び<u>65〜75歳未満で一定の障害</u>があり認定を受けた者。
介護保険法	①介護の社会的支援、②自立支援、③利用者本位のサービスの総合化、が法の目的。
	保険者は<u>市区町村</u>。
	被保険者は<u>40歳以上の者</u>とし、<u>65歳以上の第1号被保険者</u>と、<u>40歳以上65歳未満の医療保険加入者である第2号被保険者</u>とに区分。
	本人や家族からの申請を受けて<u>介護認定</u>を行い、<u>市区町村</u>で介護・支援を決定。
	<u>要支援は1〜2の2段階</u>、<u>要介護は1〜5の5段階</u>に区分。
	区分に対応する<u>ケアプラン</u>（介護支援計画）が立てられて、介護支援、介護給付が行われる。

⑤精神保健　（CHECK! □□□）

覚える！ 精神保健　関連用語

精神保健福祉法	1993年に障害者基本法が改正され、精神障がい者が障がい者として位置付けられ、<u>福祉の対象</u>となったことを受けて制定。
	●福祉対策と同時に、<u>地域精神保健対策</u>に重点。 ●地域の<u>保健所の機能</u>を充実させた。 ●患者の社会復帰と自立支援対策を強化。 ●精神障がい者保健福祉手帳制度の導入。
精神科病院への入院制度	<u>任意入院</u>（本人の希望で同意して入院する）。
	非同意入院制度（本人が希望しない入院）。 ●<u>措置入院</u>　●<u>医療保護入院</u>

ゴロで覚える！ 職業病
職業探しに熱中しすぎて、主人がげんなり。
職業病、熱中症、中皮腫、じん肺、減圧症

8 環境保健

①人と生活環境 （CHECK! ☐☐☐）

有機物を小動物が取り込み、小動物を大動物が食べるという一連のつながりを**食物連鎖（フード・チェーン）**という。この仕組みに影響を与える主な環境因子に①**物理的要因**（光、熱、気圧など）、②**化学的要因**（化学物質、大気など）、③**生物学的要因**（動植物、微生物）、④**社会的要因**（政治、経済など）の４つがある。

②環境条件 （CHECK! ☐☐☐）

大気は、自然環境を構成する要素の１つで、その正常な組成は**窒素78**％、**酸素21**％、**二酸化炭素0.03**％である。大気の圧力である気圧は、低下すると**沸点**も低下し、気圧が高いと**沸点**も高くなる。

③水環境 （CHECK! ☐☐☐）

水も自然環境要素の１つ。人体の体重の**60〜70**％は水分であり、その**10**％を失うと**脱水症状**に陥り、**20**％を失うと**死亡**する。また、生活に欠かせない**上水道**、**下水道**については以下の項目を押さえておこう。

覚える！ 上水道と下水道 関連用語

上水道 （水道）	●河川などの水源の**淡水**を**沈殿→ろ過→塩素消毒**して衛生的な水にして、供給する施設。 ●給水栓の水道水中の**遊離残留塩素を0.1mg/L以上**保持する。
	水道法による水質基準。 ●無色透明、無味無臭、中性（pH5.8〜8.6）であること。 ●**大腸菌は検出されない**こと。 ●一般細菌は100個/mL以下であること。 ●シアン、水銀、その他有害物質は基準以下であること。
	普及率は約98％（2022年３月末）。
下水道	汚水（家庭生活雑排水や産業排水）と雨水を処理する施設。下水処理は、主に好気性微生物を利用した**標準活性汚泥法**で行われる。
	普及率は約81％（2021年３月末）。

ゴロで覚える！ 地球環境破壊
恩師が京都で「パリッとお雑煮もっと！」
温暖化防止、京都議定書、パリ協定、オゾン層対策、モントリオール議定書

④公害　(CHECK! □□□)

　公害とは、環境基本法によると「事業活動その他の人の活動に伴って生ずる相当範囲にわたる<u>大気の汚染</u>、<u>水質の汚濁</u>、<u>土壌の汚染</u>、<u>騒音</u>、<u>振動</u>、<u>地盤の沈下</u>及び<u>悪臭</u>によって、人への健康又は生活環境に係る被害が生ずること」である。<u>4大公害病</u>はしっかり覚えておこう。

覚える！ 4大公害病　関連用語

<u>四日市ぜんそく</u>	<u>三重県</u>。大気汚染物質の<u>二酸化硫黄</u>が原因。
<u>水俣病</u>	<u>熊本県</u>。<u>メチル水銀</u>による水質汚濁が原因。
<u>第二水俣病</u>	<u>新潟水俣病</u>ともいう。原因は水俣病に同じ。
<u>イタイイタイ病</u>	<u>富山県</u>。<u>カドミウム</u>による水質汚濁が原因。

⑤地球環境破壊　(CHECK! □□□)

　かつては公害病が深刻だったが、近年では数々の<u>環境破壊</u>が問題となっている。主な問題とその国際的取り組みについて覚えよう。

覚える！ 主な環境破壊　関連用語

<u>地球温暖化</u> 出る！	<u>温室効果ガス</u>（<u>二酸化炭素</u>など）により地表の放熱が妨げられ気温が上昇する。<u>異常気象</u>、<u>海水面の上昇</u>、<u>生態系の変化</u>、食料生産などに地球規模での影響が発生する。
<u>オゾン層の破壊</u> 出る！	成層圏にある<u>オゾン層</u>に、<u>フロンガス</u>などにより破壊された穴（<u>オゾンホール</u>）が観測されている。地表に有害<u>紫外線</u>（<u>UV</u>）が到達し、<u>皮膚がん</u>などが発症している。
<u>酸性雨</u>	<u>pH5.6以下</u>の雨をいう。大気汚染物質の<u>二酸化硫黄</u>や<u>二酸化窒素</u>が上空で水と反応して酸性の雨となる。<u>森林の枯渇</u>などをもたらす。
<u>国際協力</u>	地球温暖化防止に関しては<u>京都議定書</u>や<u>パリ協定</u>（<u>COP21</u>）、オゾン層破壊の防止に関しては<u>モントリオール議定書</u>が締結されている。

ゴロで覚える！ 酸性雨
ゴローに賛成！
pH5.6以下、酸性雨

●公衆衛生概論

Q001

世界の国際機関について担当している事業の組み合わせとして、誤っているものは(3)である。
(1) 世界保健機関(WHO)
　　——医療、公衆衛生に関する指導・援助事業
(2) 国連児童基金(UNICEF)
　　——母子保健や児童に関する事業
(3) 国連食糧農業機関(FAO)
　　——世界的な環境保全、温暖化対策

Q002

出る!

世界最初の公衆衛生法は、1848年フランスで、フランス革命を契機として制定された。

Q003

出る!

次は、日本の公衆衛生の基盤となる日本国憲法第(　　)条の条文である。
「すべて国民は、健康で文化的な最低限度の生活を営む権利を有する。国は、すべての生活部面について、社会福祉、社会保障、及び公衆衛生の向上及び増進に努めなければならない。」
(　　)の中に入る正しい数字は、(4)の「25」である。
(1) 13　　　(2) 14　　　(3) 22　　　(4) 25

Q004

出る!

WHOとは世界保健機関のことで、国際連合(国連)の専門機関の1つである。本部事務局は、国連の本部と同じアメリカ合衆国のニューヨークにある。

Q005

WHO憲章の「健康」の定義は、「健康とは、身体的、精神的、(A)に完全に良好な状態であることであり、単に疾病や虚弱でないということではない」である。(A)に入る語句は、「社会的」である。

得点アップのツボ!　日本国憲法第25条は、日本の公衆衛生の基本です。条文の内容がよく出題されるため、しっかりと目を通しておきましょう。

（3）が誤っているので○。**国連食糧農業機関（FAO）**は世界的な食料や農産物、栄養改善に関する事業を行っている。

世界で初めて**イギリス**で、**産業革命**を契機として公衆衛生法が制定された。産業革命は、産業が発展した一方で、**感染症**の大流行や生活環境の悪化、貧困をもたらした。イギリス人の**チャドウィック**はこの状況を「**サニタリー・レポート**」として発表し、これがきっかけとなって、公衆衛生法が制定された。

日本の公衆衛生は、日本国憲法第**25**条によって定められている。第25条は**国民の健康生活権**、**国家の至上責務**を示しており、**生存権**規定という。第25条に基づく行政を**衛生行政**、法律を**衛生法規**という。

WHOとは**世界保健機関**といい、**国際連合**の専門機関である。国際的な保健衛生事業を行っている。本部事務局は、スイスの**ジュネーブ**にある。

WHOの健康の定義は、「健康とは、**身体的**、**精神的**、**社会的**に完全に**良好**な状態であることであり、単に疾病や虚弱でないということではない」である。

WHOについては、世界保健機関、国際連合、スイスのジュネーブ、国際保健活動、これらのキーワードとともに覚えておきましょう。

Q006
出る!

1986年にWHOが「すべての人々が、自分の健康を自分でコントロールし改善できるように政策を健康の観点から見直す」と提唱した理念を、オタワ憲章という。

Q007

健康増進法で定められている保健所の業務の1つに、飲食店の食品衛生監視・指導がある。

Q008

衛生行政を行う国の中央省庁は、厚生労働省である。

Q009

WHOは、国際連合の専門機関であり、国際的な感染症対策など保健分野の国際的活動を行っている。

❷調理師法

Q010
出る!

調理師免許は、厚生労働大臣から与えられる。

Q011
出る!

調理師免許は、文部科学大臣が指定した調理師養成施設（調理師専門施設）を修了した者に与えられる。

Q012
出る!

調理師免許は、調理業務に2年以上従事し、厚生労働大臣の行う調理師試験に合格した者にも与えられる。ただし、調理業務は厚生労働省令で定めた調理施設でなければならない。

得点アップのツボ！ 保健所は、地域住民に直接保健サービスを行っている第一線の衛生行政機関です。健康危機管理の地域拠点の役割を担っています。

A006

WHOは、1986年に**ヘルスプロモーション**を提唱した。これを**オタワ憲章**といい、「人々が自らの健康をコントロールし改善できるように、すべての政策を健康づくりの観点から見直すという考え（**健康政策の必要性**）」をいう。1978年のアルマ・アタ宣言ではプライマリーヘルスが定義付けられた。

A007

地域保健法により、都道府県や特別区などに**保健所**の設置が定められており、地域の**公衆衛生活動**を行っている。飲食店の**食品衛生監視**も、保健所の業務の1つである。

A008

衛生行政は、日本国憲法第25条に基づき、**厚生労働省**が所管となって行う行政の1つである。

A009

WHOは、国際連合の専門機関であり、国際的保健活動を行っている。

A010

申請後、添付書類が審査され、**都道府県の調理師名簿**に登録され、**都道府県知事**から調理師免許が与えられる。

A011

調理師免許は、**都道府県知事**が指定した調理師養成施設で、**1年以上調理師**として必要な知識と技能を修了した者に与えられる。

A012

調理師免許は、**調理業務に2年以上**従事し、**都道府県知事**の行う調理師試験に合格した者にも与えられる。調理業務は、多人数に対して飲食物を調理して提供する施設で、**厚生労働省令**で定めてある施設でなければならない。

得点アップのツボ！ 調理施設で2年以上調理の実務の経験がある人が調理師試験を受験する場合、調理実務証明書が必要です。

Q013
☐☐☐
出る！

調理師でない者が調理師に類似した名称を用いた場合は、刑罰を科せられる。

Q014
☐☐☐
出る！

調理師免許を与えない要件として誤っているのは（2）である。
（1）罰金刑に処せられた者
（2）感染症の感染者
（3）調理業務で衛生上重大な事故を起こした者
（4）麻薬中毒者

Q015
☐☐☐

飲食店営業施設では、必ず調理師1名以上を置かなければならない必置義務がある。

Q016
☐☐☐
出る！

飲食店などで調理の業務に従事する調理師は、2年ごとに12月31日現在における氏名、住所などを就業地の都道府県知事に翌年の1月15日までに届け出ることが義務付けられている。

❸衛生統計

Q017
☐☐☐
出る！

次の（1）、（2）の組み合わせはともに正しい。
（1）人口静態統計 ―― 特定の一時点の人口の状態
（2）人口動態統計 ―― 一定期間の人口の動き

Q018
☐☐☐
出る！

人口静態統計は、2年ごとの10月1日に実施される国勢調査によって把握される。

28　**得点アップのツボ！** 国勢調査は総務省が実施します。5年ごとの西暦の末尾が0か5の年の10月1日午前0時現在の人口について、日本全体を調査します。

調理師でない者が調理師に類似した名称を用いた場合、**30万円以下の罰金**が科される。調理師は**名称独占資格**であるため、免許を受けた者だけが調理師の名称を使うことができる。

調理師免許を与えない要件を、**欠格事由**という。（2）は欠格事由ではない。相対的欠格事由には、**麻薬中毒者**、**罰金刑**に処せられた者があり、絶対的欠格事由には、調理業務での衛**生上重大事故の発生者**がある。

調理師は業務独占資格ではないので、調理師資格がない人でも飲食店で調理を行ってもよい。必置義務はない。

調理師法では、**調理師就業届出**制度が規定されている。飲食店などで調理の業務に従事する調理師は、**2年ごとに12月31日**現在での氏名、住所などを、**就業地の都道府県知事**に翌年の**1月15日**までに届け出ることが義務付けられている。

人口静態統計とは、**特定の一時点**の人口の状態を表した統計をいう。人口動態統計は、ある**一定期間**の人口の動き（**出生、死亡、婚姻**等）を表した統計である。

人口静態統計は、**5年ごとの10月1日午前0時**現在で実施される**国勢調査**で把握される。

得点アップのツボ！ 人口動態統計は、一定期間（1年間）の人口の動きをみたもの。静態は一時点、動態は一定期間と覚えてください。

Q019 出る！

国勢調査は、総務省が実施する。

Q020

日本の総人口は、2022年で1億人を越えている。

Q021 出る！

男女比すなわち性比は、2022年で約95である。これは、男性に比べ女性の人口が少ないことを示す。

Q022

日本の人口ピラミッドをみると、ベビーブームが2回あったことが明らかである。

Q023

丙午の年である1966年は、出生率が急減した。

Q024 出る！

年齢3区分別人口で、0〜18歳人口を年少人口、19〜69歳人口を生産年齢人口、70歳以上人口を老年人口という。

Q025

2022年現在、老年人口のほうが年少人口より多い。

得点アップの**ツボ**　人口動態統計は、出生、死亡、死産、婚姻、離婚の届出をもとに作られています。

国勢調査は、**総務省**が実施する。国勢調査では、日本国民全体を調査する**全数（悉皆）調査**が行われる。

日本の人口は、2022年10月現在で約**1億2,495万人**である。2050年には**1億人**以下になることが予測されている。

性比は**女性100人**に対する**男性**の割合を表す。2022（令和4）年の性比は100以下の**94.7**を示し、これは**男性**に比べて**女性**の人口が多いことを示す。

人口ピラミッドは**性別・年齢別の人口構成**を図示したもの。社会状況の変遷が凹凸に反映される。日本は2回の**ベビーブーム**によって**星型**になったが、少子高齢化のため現在は**つぼ型**に移行している。

1966年は、丙午の影響で出生率が**低下**した。そのため、**人口ピラミッド**に凹みが出現した。

0〜14歳人口を**年少人口**、15〜64歳人口を**生産年齢人口**、65歳以上人口を**老年人口**という。

1998年、**年少**人口と**老年**人口の割合が**逆転**した。それ以降、**老年**人口の増加が続いている。

得点アップのツボ！ 年少人口が少なくて、老年人口が21％を超えた社会を少子超高齢社会といいます。

31

Q026 老年人口を年少人口に加えた人口を従属人口といい、従属人口に対する生産年齢人口の割合を従属人口指数という。

Q027 日本は、老齢化のスピード（高齢化率）が極めて速い。

Q028 世界人口をみると、人口爆発が始まったのは第2次世界大戦後である。

出る！

Q029 世界で人口が多い国をみると、第1位はインドである。

Q030 出生届は、生後7日以内に厚生労働大臣に届け出る。

Q031 出生率は、人口1,000人に対する割合で表す。

Q032 合計特殊出生率は、1人の女性が一生に産む子どもの数の平均を表している。

出る！

 得点アップのツボ！ 出生率＜死亡率であると、少子化です。日本の合計特殊出生率は2022年で1.26となり、人口減少が明らかです。

従属人口指数は、**生産年齢人口**に対する**従属人口（年少人口と老年人口）**の割合で、**養われる人口**を表す。2022年は**68.4**で、100人の生産年齢人口が**68.4**人の年少・老年人口を支えていることになる。これはおよそ1.5人で1人の子どもまたは高齢者を支えることを表している。

 老齢化の速さ（スピード）は、**老年**人口の割合が7％から14％の**2倍**になるのに、何年を要したのかで表す。日本は**24**年で、欧米諸国に比べて極めて**速い**。

 世界人口は**第2次**世界大戦後、人口が急激に増加する**人口爆発**が始まった。途上国の人口増加率が高く、世界人口は2023年推計で**80億人**に達する。

 世界人口の第1位国は**インド**で、第2位国は**中国**である。日本は、第**12**位である（2023年国連統計）。

 出生届は、生後**14日**以内に**市区町村長**に届け出る。

 出生率は、人口**1,000人**に対する**出生数**で表す。1950年には**30**近くあったが、その後著しく低下し、2022年は**6.3**である。

 合計特殊出生率は、**15～49**歳の女性の年齢別出生率の合計。1人の女性が**一生に産む子どもの数の平均**である。**2.08**未満だと人口は減少する。2022年は**1.26**となっている。

Q033

死亡率(粗死亡率)は、人口100人に対する死亡者の割合を表す。

Q034

乳児死亡率は、人口100人に対する乳児の死亡の割合を表す。

Q035

出る!

乳児死亡率は、国の公衆衛生を知る指標となり、高い値ほど公衆衛生がよいと評価される。

Q036

新生児とは、生後4週(28日)未満児をいう。

Q037

出る!

2022年の死因順位の組み合わせのうち、正しいものは(3)である。

	第1位	第2位
(1)	悪性新生物	肺炎
(2)	新型インフルエンザ	悪性新生物
(3)	悪性新生物	心疾患

Q038

次の生活習慣病とリスクファクター(危険因子)の組み合わせのうち、誤っているものは(2)である。
(1)胃がん —— 食塩過剰摂取、ヘリコバクター・ピロリ菌
(2)大腸がん —— 喫煙、大気汚染
(3)心疾患 —— 高血圧、糖尿病、肥満、運動不足、喫煙

Q039

出る!

典型的な生活習慣病には、悪性新生物、心疾患、脳血管疾患、糖尿病、脂質異常症、骨粗鬆症などがある。

得点アップのツボ! 日本人の死因は最重要項目。悪性新生物、心疾患、老衰と、それぞれ、正式な病名(総称)をしっかりと覚えておくことが大切です。

A033 ✕

死亡率は、人口**1,000人**に対する死亡数のこと。公衆衛生は進歩しているものの死亡率は上昇傾向にあり、2022年は出生率6.3よりも高い**12.9**となった。

 A034 ✕

乳児死亡率は、**出生数1,000件**に対する**乳児死亡数**である。1940年には**90**であったが、2022年には**1.8**となり、世界でも**最低値**となっている。

 A035 ✕

乳児死亡率は、**国の公衆衛生を知る指標**となる。値が**低い**ほど乳児が死亡しないことを示すため、公衆衛生状態が**良好**な国であると評価される。日本はまさに**良好**な国である。

 A036 ◯

生後**1**週（**7日**）未満児を**早期新生児**、生後**4**週（**28日**）未満児を**新生児**、生後**1年**未満児を**乳児**という。

 A037 ◯

2022年の死因第1位は**悪性新生物**、第2位は**心疾患**である。

 A038 ◯

（2）は**肺がん**のリスクファクターである。

 A039 ◯

生活習慣病は**加齢**と生活習慣の**危険因子（リスクファクター）**が原因で発症する。悪性新生物、心疾患、脳血管疾患、糖尿病、脂質異常症、骨粗鬆症は、すべて**生活習慣病**である。

 得点アップの ツボ! 死因の国際比較では、欧米に比べて日本では胃がんが多いです。心疾患の死亡率は欧米のほうが高くなっています。

Q040 平均寿命とは、20歳時の平均余命のことをいう。

出る!

Q041 健康寿命とは、元気で活動できる寿命のことである。

Q042 患者調査とは、医療機関を利用した患者を対象として、毎年、傷病名、入院や通院状況、受療率などを調査したものをいう。

Q043 国民健康・栄養調査は、日本国民の栄養や健康状態を調査するため、地域保健法に従って3年ごとに実施されている。

出る!

Q044 国民健康・栄養調査では、国民の栄養摂取状況、肥満度、運動習慣、食習慣（欠食率など）、飲酒や喫煙習慣などがわかる。

Q045 肥満の割合は、男性より女性のほうが多い。

Q046 国民生活基礎調査で行われる有訴者調査では、75歳以上の国民の半数が有訴者である。

得点アップのツボ! 国民健康・栄養調査（2019年）から、肥満の割合は男性約33%、女性約22%であることがわかりました。

A040 0歳時の平均余命を平均寿命という。0歳の子どもが平均して、何歳まで生きられるかを表したものである。ある年齢の人が平均して、何歳まで生きられるかを表したものが平均余命である。2022年の平均寿命は男性81.05歳、女性87.09歳で、男女ともに世界でトップクラスの長寿国である。

 A041 健康で元気で活動できる期間を健康寿命という。WHOが発表した2019年の日本の健康寿命は、女性約75.4歳、男性約72.7歳で、世界最高水準の値である。

 A042 患者調査は、医療機関を利用した患者を対象として、3年に1度実施され、患者の性別・年齢、傷病名、入院・通院状況、受療状況などを調査する。

 A043 国民健康・栄養調査は、健康増進法に従って原則毎年実施される。

 A044 国民健康・栄養調査は、日本国民の身体状況、栄養摂取状況、生活習慣状況を調査する。欠食率などの食習慣や肥満度などもわかる。朝食の欠食率は男性は40歳代、女性は30歳代が多い（2019年）。

 A045 肥満の割合は女性に比べ男性のほうが多い。肥満者の割合は、男性で33.0%、女性で22.3%である（2019年国民健康・栄養調査）。

 A046 有訴者率とは、有訴者（疾病の自覚症状はあるが日常生活には支障のない人）の人口1,000人に対する割合をいう。2022年では、国民の約3人に1人、また75歳以上の約半数が有訴者である。

得点アップのツボ！ 国民健康・栄養調査（2019年）から、朝食の欠食率は、男性は29%と40歳代が高く、女性は22%と30歳代が最も高くなっています。

37

Q047
出る!

食料需給表（フードバランスシート）は、FAOのガイドラインに従って、農林水産省が作成している。

Q048
出る!

日本の2022年の食料自給率は、カロリーベースで約38%で、先進国の中でも低い値を示している。

❹感染症予防

Q049
出る!

感染症の発生要因には、感染源、感染経路、感受性の3つがある。

Q050

感染症とその媒介体と病原体の組み合わせとして、（1）と（2）はともに正しい。
(1) マラリア ——— 蚊 ——— 原虫
(2) ペスト——— ノミ ——— ウイルス

Q051

B型肝炎のように、母子間で感染することを水系感染という。

Q052

くしゃみや咳の中の病原体に感染することを、飛沫感染という。

Q053

免疫とは、体内に侵入した病原体を、自分のものではないと認識して排除する作用をいう。人が免疫を獲得する方法として、予防接種がある。

得点アップの
ツボ！　日本の食料自給率は、近年横ばい状態が続いています。自給率約38%という値は、過去最低の水準です。

食料需給表は、**農林水産省**が**FAO**（国連食糧農業機関）のガイドラインに従って作成している。これにより、**食料**状況の国際比較ができる。

日本の**食料自給率**は、**カロリーベース（供給熱量）**で約**38%**である。先進国の中でも**低い値**となっている。

感染症が発生し流行するには、病原体を排泄（はいせつ）する**人**や**動物**がいること（**感染源**）、病原体がほかの人に感染する**ルート**があること（**感染経路**）、人体に病原体が侵入したとき**発症しやすい状態**であること（**感受性**）の３条件が必要である。

マラリアは、**ハマダラカ**が媒介する。病原体は**マラリア原虫**である。ペストは**ネズミ**の体に付着しているノミが媒介する。病原体はウイルスではなく**ペスト**菌である。

B型肝炎のように、母子間で感染することを**垂直感染**という。

くしゃみや咳の**飛沫中の病原体**が、**気管支**から侵入する感染。感染経路としては直接伝播の１つで、たとえば**インフルエンザ**などがある。

免疫とは、病原体が非自己であると認識して記憶し、**抵抗力（抗体）**を獲得すること。その病原体が**2度目**に侵入したときに症状が**軽く済む**のはこのためである。

得点アップのツボ！ 人が自然に免疫を獲得するのは、通常感染や母親の初乳です。これに対して、人工的な獲得には予防接種があります。

39

Q054
出る!

感染症法では、感染症について危険度や重篤度が高く、危険度が高い順に1類から5類までに分類して、対策を行うことを決めている。

Q055
出る!

天然痘はWHOにより根絶宣言が出されているので、感染症法の対象ではない。

Q056

感染症患者を診断した医師は、人に感染させるおそれがあるので、ただちに都道府県知事を経由して厚生労働大臣に届け出る義務がある。

Q057

感染症の予防対策である感受性対策として、正しいのは(1)である。
(1)ワクチン接種
(2)空港での検疫
(3)手洗い

Q058

結核は、咳やくしゃみから感染する呼吸器系感染症の代表的な感染症であり、1類感染症に分類される。

Q059

新興感染症とは、未知の病原体により発生する感染症をいい、エイズやエボラ出血熱などがある。

Q060
出る!

再興感染症とは、根絶したはずの病原体が復活して発生する感染症をいい、結核や薬剤耐性感染症などがある。

得点アップのツボ! 1類の主な感染症にはペスト、天然痘、ラッサ熱、エボラ出血熱、2類には結核、SARS(サーズ)、急性灰白髄炎(ポリオ)があります。

感染症法では、**危険度、感染度、重篤度**の高い感染症から順に**1類**から**5類**、及び**新感染症・指定感染症**と**新型インフルエンザ等感染症**に分類して、類型ごとに対策を定めている。

 WHOは**1980**年、**天然痘**（痘そう）の根絶宣言を出した。しかし日本では、天然痘をバイオテロ対策のため、**感染症法**の対象とし、**1類感染症**とした。ペストも1類感染症である。

 医師は感染症の患者を診断した場合、**1～4類**と**新型インフルエンザ等感染症**ではただちに、**5類**では**7**日以内に（一部はただちに）**保健所長**を経由して**都道府県知事**に届け出る。

 感受性対策は（1）である。空港での検疫、手洗いは**感染経路**対策である。

 結核は、咳や**くしゃみ**から感染する感染症である。**結核予防法**が廃止されたことで、結核は**感染症法**の対象となり、**2類**感染症に分類された。

 1970年以降、常在感染症が減少した一方で、**エイズ、エボラ出血熱、新型インフルエンザ**など、未知の病原体による**新興感染症（エマージング・ディジーズ）**が流行している。

 根絶、または流行がなくなったが復活した感染症を、**再興感染症（リエマージング・ディジーズ）**という。**結核、薬剤耐性感染症**などがある。

 得点アップのツボ！ 3類の主な感染症にはコレラ、腸管出血性大腸菌感染症、4類にはマラリア、E型肝炎、5類にはエイズ、麻疹（はしか）があります。

Q061
病原体と感染症の組み合わせで、正しいものは(2)。
(1)細菌————結核、ペスト、ポリオ
(2)ウイルス——麻疹、エイズ、日本脳炎
(3)原虫————マラリア、エボラ出血熱

Q062
ネズミの体に付着している昆虫が媒介する感染症には、ペストがある。ペストは2類感染症に分類されている。

Q063
18世紀末に、イギリス人のフレミングが天然痘の予防法である種痘法を開発した。

Q064
1880年代に、ドイツ人のコッホが結核菌を発見した。

Q065
感染症法に従って、外務省は空港や港湾に検疫所を設置し、外来感染症に対して検疫を実施している。

⑤疾病予防及び健康づくり対策

Q066
悪性新生物による死亡は男性のほうが女性に比べて多い。

出る!

Q067
心筋梗塞や狭心症を虚血性心疾患という。

Q068
1935年から1950年まで、死因第1位は結核であった。

出る!

得点アップの
ツボ! 抗生物質はかびなどが作る化学物質で、細菌を破壊する働きを持ちます。しかし細菌は破壊しますが、ウイルスには効果がありません。

A061 ○

（1）は、**ポリオ**（急性灰白髄炎）は**ウイルス**である。（3）は、**エボラ出血熱**は**ウイルス**である。

A062 ✕

ペストは**ネズミ**の体に付着している昆虫の**ノミ**が媒介する感染症である。ペストは1類感染症である。

A063 ✕

種痘法を発見したのは、イギリスの**ジェンナー**。この発見が「予防接種による免疫の獲得」の研究の始まりとなった。フレミングは青カビから、抗生物質（**ペニシリン**）を発見した。

A064 ○

結核菌や**コレラ菌**を発見したのは、ドイツの**コッホ**である。また、フランスの**パスツール**は、**低温殺菌法**（**パスツリゼーション**）の開発など微生物学の基礎を築いた。

A065 ✕

検疫法に従って外来感染症対策として、**厚生労働省**は**空港・港湾**に**検疫所**を設置して検疫を行っている。

A066 ○

胃がんによる死亡は、男女とも**減少**している。悪性新生物による死亡は男性のほうが女性に比べて多い。2022年は男性が22万人、女性が16万人である。

A067 ○

心筋梗塞や**狭心症**などの**虚血性心疾患**が**増加**している。虚血性心疾患とは、血管が狭くなったために心臓への**血流**が**阻害**されて発生する心臓病（心疾患）である。

A068 ○

日本人の死因構造は、**感染症**から**生活習慣病**へと変遷した。1935～1950年の死因第1位は感染症の**結核**で、それ以降は**生活習慣病**が主要死因となった。

得点アップのツボ！ 抗生物質開発のきっかけを作ったのは、イギリスのフレミング。1928年に、青かびからペニシリンを発見したのが始まりです。

Q069
疾病予防の段階で、治療やリハビリテーションを行うことを第3次予防という。

Q070
疾病予防の第1次予防、第2次予防、第3次予防の組み合わせとして、下記はすべて正しい。
(1)第1次予防————— 禁煙、予防接種
(2)第2次予防————— 定期健康診断、人間ドック
(3)第3次予防————— 治療、リハビリ

Q071
第1次予防とは、健康増進を行うために、疾病のリスクファクター(危険因子)を除去することをいう。予防接種や禁煙も第1次予防になる。

Q072
第1次国民健康づくり対策は、第2次予防を目的として1978(昭和53)年に実施された。

Q073
1988年、第1次予防を目的として第2次国民健康づくり対策、別名「アクティブ80ヘルスプラン」(活動的な80歳代を作る)が実施された。

Q074
第1次予防をより推進するため、2000年から第3次国民健康づくり対策として「健康日本21」が実施された。

出る!

Q075
「健康日本21」を推進するための法が、健康推進法である。

出る!

得点アップのツボ! 健康増進法では、国民の健康増進を図るために厚生労働大臣が基本方針を定めることになっています。

44

A069 ○ 第3次予防とは、**死亡からの回避**や**機能回復**を行うことで、**治療**や**回復訓練（リハビリテーション）**を指す。

A070 ○ 第1次予防は**発症予防**、健康増進。第2次予防は**早期発見**、**早期治療**。第3次予防は**治療**、**回復**、**社会復帰**を行う。

A071 ○ **第1次予防**とは、健康な状態を維持・増進するために、疾病の**リスクファクター**の除去を行うことで、**栄養・運動・休養**対策や健康教育を指す。禁煙、予防接種も第1次予防である。

A072 ○ **第2次予防**を目的とする。**第2次予防の早期発見と早期治療**を行うため、1978年から10年計画で厚生省（当時）が**第1次国民健康づくり対策**を実施。定期健診を受ける機会のない**主婦**などの健診を推進した。

A073 ○ 第1次予防の目的である疾病の**リスクファクター**を除くため、1988年から**第2次国民健康づくり対策**が実施された。80歳になっても活動的で健康であるように、「**アクティブ80ヘルスプラン**」と名づけられた。

A074 ○ **第3次国民健康づくり対策**は、21世紀の健康づくりであることから「**健康日本21**」と名づけられた。**第1次予防**を強化する（ゼロ次、プレ1次予防）ため**生活習慣病の予防**を行い、**QOLの向上**を目指した。

A075 ○ 「健康日本21」を推進するための法は、**健康増進法**である。目標としては、第1次予防の継続（ゼロ次予防）の推進、健康寿命の延伸とQOLの向上、などがある。

 得点アップのツボ！ 「健康日本21・第2次」でも、生涯現役社会の実現、QOL（生活の質）の重視、健康寿命の延伸、生活習慣の改善を目標としています。

Q076
□□□
出る！

「健康日本21・第2次」は、さらなる生活習慣病の改善を図るため、目標値を設定している。

Q077
□□□
出る！

「健康日本21・第2次」でも、歯の健康のため「8020運動」が実施されている。

Q078
□□□

「健康日本21・第2次」の基本理念は、平均寿命の延伸である。

❻健康増進法

Q079
□□□
出る！

健康増進法は、国民健康づくり対策の「健康日本21」を推進するために制定された。

Q080
□□□
出る！

健康増進法では、国民の責務が定められている。

Q081
□□□

多数の人が利用する施設の管理者は、受動喫煙防止の措置を講じなければならない。

❼加齢と健康

Q082
□□□

母子保健法により、母子保健サービスは都道府県が実施主体であると規定されている。

得点アップの
ツボ！
　健康増進法は、国民の責務をはっきり定めた法律。ライフスタイルによって発症する生活習慣病を予防することが目的です。

A076 ○

「健康日本21・第2次」は2013年4月から、生活習慣病の改善として**栄養、運動、喫煙、飲酒、歯**の対策を引き続き行うこととなり、**目標値**を定めた。

A077 ×

「健康日本21・第2次」でも、引き続き歯の健康を推進しており、**80歳**になっても**20本の歯**を保つ「**8020／ハチマルニイマル運動**」を展開している。

A078 ×

健康寿命の延伸が、「健康日本21・第2次」の基本理念である。

A079 ○

健康増進法は、**2000**（平成**12**）年、第**3**次国民健康づくり対策の「**健康日本21**」を推進するために、栄養改善法をもとに新しく制定された。

A080 ○

健康増進法では、**国民の責務**が定められている。「国民は、**健康な生活習慣の重要性**に対する関心と理解を深め、生涯にわたって、自らの健康状態を自覚するとともに、健康の増進に努めなければならない」とある。

A081 ○

受動喫煙とは、他人のたばこの煙を吸わされることをいい、施設管理者は**受動喫煙防止措置**を講じなければならない。

A082 ×

母子保健サービスは、**市区町村**が実施主体である。

得点アップのツボ！ 母子保健法では、妊産婦を妊娠中および出産後1年以内の女子と定義しています。

47

Q083 周産期死亡とは、妊娠満22週以降の胎児の死産数と生後1週未満の早期新生児死亡を合わせたものである。

出る!

Q084 新生児とは、生後4週(28日)未満児をいう。

出る!

Q085 妊娠した者は、母子保健法に基づき都道府県に妊娠届を提出し、母子健康手帳の交付を受ける。

Q086 「健やか親子21(第2次)」は、少子化対策として、厚生労働省が推進している。

Q087 学校保健の対象は、幼稚園から大学までの教育機関と、そこに学ぶ児童、生徒、学生だけでなく、教職員も対象である。

Q088 小学校でインフルエンザが流行した場合、教育委員会は、感染者または感染の疑いのある児童の出席を停止することができる。

Q089 職場の作業中に発生する事故や災害を、労働災害(労災)という。

Q090 中皮腫は、アスベスト(石綿)取扱作業 によって発生する職業病である。

得点アップのツボ! 周産期死亡率は、妊娠満22週以降の死産と生後1週未満の早期新生児の死亡を合わせた数を、出生数(死産含む)で割って求めます。

A083
○

周産期死亡とは、出産前後の子ども(**妊娠満22週以降の胎児**と**生後1週未満の早期新生児**)の死亡をいう。母子保健の国際評価指標として重要である。

A084
○

新生児とは**生後4週(28日)未満児**をいう。なお、**生後満1年から小学校就学前**の子どもを幼児といい、小学校就学から18歳未満の者(児童福祉法)を少年という。

A085
✕

母子保健法に基づき、**市町村**が実施している。**妊娠した者**は市区町村に妊娠届を提出し、**母子健康手帳**の交付を受ける。

A086
✕

「**健やか親子21(第2次)**」は、「**健康日本21**」の**母子保健のビジョン**をいう。**少子化対策**は2010年に「**子ども・子育てビジョン**」などが決定している。

A087
○

学校保健の対象には、**教職員**も含まれている。

A088
✕

学校長が感染症予防のため、感染者を**出席停止**にできる。**臨時休校**は学校設置者が行う。

A089
○

作業中に発生する**事故**や**災害**を労働災害(労災)という。労災が発生した場合は、**労働基準監督署**に申告する。作業との因果関係は、**労働基準監督署**が判断する。

A090
○

空気環境中の**アスベスト(石綿)**は、**中皮腫**(がんの一種)を発生させる。職業病の1つである。

得点アップの ツボ! 重要な母子保健の用語は、早期新生児(1週未満児)、新生児(4週未満児)、乳児(1年未満児)、妊産婦(妊娠中、産後1年以内の女子)です。 49

Q091
作業環境と、それにより発生する職業病の組み合わせとして(1)、(2)とも正しい。
(1)高温環境——熱中症　　(2)粉じん作業——じん肺

Q092
出る!
精神保健対策の目的で制定された精神保健福祉法では、精神科病院への入院について人権への配慮から、患者本人の同意なしには入院させることができないことが定められている。

Q093
高齢者の介護を公的に行うため、2000年に介護保険法が施行された。保険実施者は厚生労働省である。

❽環境保健

Q094
小動物が有機物を取り込み、小動物を大動物が捕食することを食物連鎖という。

Q095
環境4因子には、物理的環境因子、生物的環境因子、化学的環境因子、社会的環境因子がある。

Q096
出る!
大気の組成は、酸素78%、二酸化炭素0.03%、窒素は21%である。

Q097
出る!
富士山の山頂では気圧が高くなるので、水の沸点は100℃以上になる。

得点アップのツボ! 職業病では、熱中症、白ろう病、じん肺、減圧症、けんしょう炎、VDT障害などについて、その原因をあわせて覚えておきましょう。

50

熱中症は、高温環境で発生する。じん肺は、粉じんの多い作業空気環境で発生する。

精神保健対策の目的で制定された精神保健福祉法には、患者の同意がなくても入院させることのできる非同意入院制度が定められている。措置入院、医療保護入院がこれにあたる。

介護保険法は、2000年に高齢者の公的介護を行う目的で施行された。保険実施者は市区町村、被保険者は65歳以上と40～65歳未満の医療保険加入者である。

小動物が有機物を取り込み、それを大動物が捕食するというフード・チェーンを食物連鎖という。

環境4因子は物理的因子（光、熱など）、生物的因子（動植物、微生物）、化学的因子（大気、化学物質など）、社会的因子（政治、経済など）である。

大気の組成は窒素78%、酸素21%、二酸化炭素0.03%。植物は光合成により二酸化炭素を吸収して酸素を排出し、動物は酸素を吸収して二酸化炭素を排出する。

気圧が下がると、水の沸騰温度（沸点）も下がる。また、高度が上がると気圧も下がる。富士山の頂上では気圧は低くなるので、沸点も下がる。圧力釜は加圧して沸点を約120℃にすることで、効率的な調理や殺菌作用が行える。

得点アップのツボ！　精神障がい者が障がい者に位置付けられたため、ノーマライゼーションという社会福祉の理念が精神保健福祉法に盛り込まれました。

Q098

人の体感温度は、気温、湿度の2条件で決定される。

Q099

出る!

水は、人間の体重の60〜70%を占める。その20%を失うと、死亡する。

Q100

出る!

水道の水質基準で、水道水から検出されてはいけないものは、（1）、（2）、（3）のすべてである。
（1）大腸菌
（2）水銀
（3）ヒ素

Q101

水道末端栓（蛇口）から出てくる水道水が、遊離残留塩素で1.0mg／L以上に保持されるように、浄水施設では塩素を注入しなければならない。

Q102

カルシウムと鉄分が多く含まれている水を硬水という。

Q103

出る!

標準活性汚泥法とは、好気性微生物を利用した下水処理方法のことである。

Q104

大気汚染の状況を示す指標として、COD値、BOD値があるが、この値が高いと汚染状況も高いといえる。

得点アップのツボ! 上水道施設については、河川水や湖沼水（淡水）を沈殿→ろ過→塩素消毒の順で処理していることを確実に覚えておきましょう。

A098 ✕
人の体感温度は**気温**、**湿度**、**気流**、**輻射熱**の４条件により決定される。

A099 ◯
人間の体重の**60～70**%は水である。その**10**%を失うと**脱水症状**に陥り、**20**%を失うと**死亡**する。

A100 ✕
水銀は0.0005mg/L以下、**ヒ素**は0.01mg/L以下であれば検出されてよい。検出されてはいけないものは、**大腸菌**である。

A101 ◯
水道水は、**水道法**により**水質基準**や**塩素消毒**が定められている。**殺菌**のため、水道末端栓で**遊離残留塩素**を**0.1mg/L（0.1ppm）以上保持**する規定になっている。

A102 ✕
カルシウム（Ca）と**マグネシウム（Mg）**が多く含まれる水を硬水という。CaとMgを炭酸カルシウムに換算したものが硬度で、硬度**300**以上を硬水、100～300未満を中硬水、**100**未満を軟水という。

A103 ◯
好気性微生物を利用した下水処理法である。下水タンク内に空気を吹き込むと、タンク内の**好気性**微生物が**酸素**を利用し、有機物（汚濁物質）を**酸化**分解して、下水を清浄化する方法である。

A104 ✕
水質汚染度の指標が、**COD**（化学的酸素要求量）と**BOD**（生物化学的酸素要求量）である。汚染が進むと、ともに**高い値**になる。

得点アップの ツボ！ 人は加齢（年をとる）とともに、体内の水分が減少します。高齢者は水分を補給することが必要です。特に夏には、熱中症の予防になります。

Q105
出る!

4大公害病とは、水俣病、新潟水俣病（第二水俣病）、イタイイタイ病、光化学スモッグをいう。

Q106

水俣病の原因物質は、メチル水銀である。

Q107

イタイイタイ病の原因物質は、ヒ素である。

Q108
出る!

地球温暖化は、二酸化炭素などの温室効果ガスが大気中に増えることが原因で悪化するといわれる。

Q109

酸性雨は、二酸化硫黄などの大気汚染物質が原因で発生するpHが高い雨のことをいう。

Q110
出る!

地球の周囲にあるオゾン層が破壊されると、有害赤外線が地表に侵入する。

得点アップのツボ! 地球温暖化は、海面の上昇、異常気象の多発、生態系・食料生産への悪影響、感染症の多発などの影響をもたらします。

4大公害病とは、**水俣病**、**新潟水俣病**（第二水俣病）、**イタイイタイ病**、**四日市ぜんそく**である。

水俣病は、工場から排出された**メチル水銀**が原因である。メチル水銀に汚染された魚介類を食べたことで患者が発生した。**新潟水俣病**の原因も、**メチル水銀**である。

イタイイタイ病の原因は**カドミウム**である。鉱山精錬所からの排水中に含まれた**カドミウム**が、水や農水産物を介して人体に取り込まれたことで発生した。症状は**骨**の障害である。

地球温暖化の原因は**温室効果ガス**である。温室効果ガスには、**二酸化炭素**（**炭酸ガス**）やフロンなどがある。

酸性雨は、二酸化硫黄や**二酸化窒素**など**大気汚染物質**が上空で水と反応して、酸を生成した**pH**の低い雨（**pH5.6以下**）である。

オゾン層の破壊では、**有害紫外線**（UV-B・A）が地表に侵入する。**皮膚がん**や**白内障**の発症、免疫力の低下など人体への影響がある。

- 「私たち人間が何のために食事をするのか」を、食品の機能の視点から学ぶ
- 食品の機能、食品の成分と性質、うま味、食品の特徴、発酵食品、食物アレルギー、食品の表示について学ぶ
- 特別用途食品、食品の保存・貯蔵についても把握しておく

1 食品の機能 (CHECK! □□□)

食品の機能には、栄養性に基づく1次機能（**栄養的**機能）、嗜好性に基づく2次機能（**嗜好的**機能）、安全性・健康性に基づく3次機能（**生体調整**機能）がある。

1次機能	**2次機能**	**3次機能**
栄養素としての機能	感覚・嗜好に与える機能	健康を維持・増進する機能

2 食品の成分

①水分 (CHECK! □□□) 出る!

食品に含まれる水分には、<u>自由水</u>と<u>結合水</u>の2種類があり、この2つの状態を示すものが<u>水分活性</u>である。それぞれの特徴を押さえておこう。

 覚える! **水分の性質　関連用語**

自由水	容易に**蒸発**、**凍結**する水。
結合水	100℃でも**蒸発**せず、0℃でも**凍結**しない水。食品中の<u>たんぱく質</u>や<u>糖質</u>と結合して、**微生物**に利用されない。
水分活性	食品に含まれる自由水と、結合水の状態を示している。数値は **Aw** で表される。自由水の割合が多く**1.0**に近くなるほど、かび、酵母、細菌などの<u>微生物の繁殖</u>が起こりやすい。

 コロで覚える!
食品の機能
A4の感熱紙に歌したためる吉田兼好の意地。
栄養素・感覚・嗜好・健康の維持

②3大栄養素と5大栄養素　CHECK! □□□

　3大栄養素とは、炭水化物、脂質、たんぱく質で、これにビタミンと無機質(ミネラル)を加えたものが5大栄養素とされる。それぞれの特徴について、83～87ページとあわせて覚えよう。

覚える! 栄養素　関連用語

炭水化物	エネルギー源となる糖質と、整腸作用や脂質吸収抑制・糖質吸収調節・腸内の有害物質吸着などの作用を持つ食物繊維からなる。
脂質	脂肪酸(飽和脂肪酸、不飽和脂肪酸)を含む化合物が主体の成分。飽和脂肪酸を多く含む動物性脂肪(バター、ラード、ヘットなど)は常温で固体、不飽和脂肪酸を多く含む植物性脂肪(大豆油、なたね油など)は常温で液体である。
たんぱく質	アミノ酸がペプチド結合したもの。体内では作ることができない、もしくは作られる量が少ない9種類のアミノ酸は、必須アミノ酸と呼ばれる。
ビタミン	脂溶性ビタミンと水溶性ビタミンがある。脂溶性ビタミンは、体内に蓄積されると過剰症を引き起こすことがある。
無機質 (ミネラル)	体を構成する元素のうち酸素、炭素、水素、窒素以外の元素。主要無機質(カルシウム、マグネシウム、ナトリウムなど)と微量無機質(鉄、ヨウ素など)があり、わが国では、カルシウム以外は比較的摂取しやすい状況にある。

③色素成分　CHECK! □□□

　食品の持つ色素成分の色と、栄養素としての働きを整理して覚えよう。

覚える! 色素成分　関連用語

カロテノイド	脂溶性色素。赤、黄、だいだい色を示す。光や酵素に弱く、熱に安定するという特徴がある。
	カロテン類では、α-カロテン、β-カロテンは生体内でビタミンAに変換される。
	キサントフィル類では、柑橘類のクリプトキサンチン、卵黄のルテインなどがある。

ゴロで覚える!　ビタミン
美談！　使用中でない、常駐ソフト。
ビタミン、脂溶性ビタミン、排出されない、過剰摂取、注意

第2章 食品学　試験勉強のポイント

フラボノイド	フラボンやフラボノールは熱、光に安定する。酸性で淡色化し、アルカリ性で濃色化する。カリフラワーに酢を加えてゆでると、白くゆであがる。中華めんの黄色は、アルカリ性のかん水によって小麦粉が黄色化している。
	アントシアニンは配糖体色素で、水溶性である。赤橙〜青紫色。いちご、ぶどう、なすなどに含まれる。
ポルフィリン	クロロフィルは、脂溶性色素である。野菜や未熟な果実の緑色。緑黄色野菜の加工時には、クロロフィラーゼ(酵素)を失活させるブランチングで退色を防ぐ。
	ヘム色素は、ポルフィリン環に2価鉄イオンが配位した化合物。ミオグロビンは食肉の赤い色で、新鮮な生肉では暗赤色を示し、空気中では酸素と反応してオキシミオグロビンとなる。鮮赤色から、さらに酸化が進むとメトミオグロビンとなり、褐色となる。
その他	ターメリックは脂溶性で、熱に安定する黄色色素クルクミン。ボルシチに使用するレッドビーツの赤色は、ベタニンである。
褐変物質	酵素的褐変は、食品に含まれるポリフェノールがポリフェノールオキシダーゼによって酸化されて起こる(りんごやももの切り口が褐色化)。非酵素的褐変は、糖の加熱(カラメル化)や、食品の焼き色のようにアミノ・カルボニル反応によって起こる。

④味覚成分 (CHECK! □□□)

基本的な味覚成分には、以下の五味がある。このほかに辛味(カプサイシン)やえぐ味(シュウ酸)、渋味があるが、特に五味の内容について、確実に覚えておきたい。

覚える! 味覚成分 関連用語

甘味	天然甘味物質(ショ糖、ブドウ糖、果糖、麦芽糖など)、人工甘味料(アスパルテーム、サッカリンなど)がある。
酸味	食品中に有機酸として含まれる。食酢の酢酸、果実のリンゴ酸、酒石酸、柑橘類のクエン酸など。
塩味	食塩(塩化ナトリウム)は、しょうゆ、みそなどに多く用いられている。

酸味
酸っぱすぎてユウサクさんのリンゴ酒、食えん。
酸味、有機酸、酢酸、リンゴ酸、酒石酸、クエン酸

苦味	茶やコーヒーの**カフェイン**、**タンニン**、チョコレートやココアの**テオブロミン**、柑橘類の**ナリンギン**、ビールの**フムロン**などがある。
うま味	うま味のほとんどが、**アミノ酸**による。
	こんぶの**グルタミン酸**、かつお節の**イノシン酸**、干ししいたけの**グアニル酸**、貝類の**コハク酸**がある。

3 食品の特徴

①植物性食品の特徴 （CHECK! □□□）

植物性食品は**エネルギー源**（穀類、いも類など）、**たんぱく源**（豆類など）、**ビタミン・無機質（ミネラル）源**（野菜、果実、きのこ、海藻など）に分類できる。それぞれの栄養成分など、特徴を覚えておこう。

覚える！ 植物性食品の特徴

米 **出る!**	**炭水化物**が豊富で、エネルギー源となる重要な食品。
	もみ（もみ殻、玄米）→**玄米**〔ぬか層（果皮、種皮、糊粉層）5〜6％、**胚芽**2〜3％、**胚乳**90〜92％〕→**精白米**（胚乳）：精白米の歩留まりは**90〜92％**となる。
	アミロペクチン100％のもち米は、うるち米（**アミロペクチン**約80％、**アミロース**約20％）に比べて粘り気が強い。
小麦 **出る!**	世界で最も生産の多い穀類。小麦たんぱく質には必須アミノ酸である**リシン**が少なく、栄養価は米より劣る。小麦たんぱく質は**グリアジン**と**グルテニン**で、水を加えてこねると、複合体の**グルテン**が形成される。小麦粉の**粘弾性**に関係する。
	たんぱく質 多 　**強力粉**：パンなど ↓ たんぱく質 少 　**中力粉**：うどんなど 　**薄力粉**：ケーキなどの菓子類や 　　　　　　　天ぷら粉
大豆 **出る!**	豆類の中では、たんぱく質と脂質を多く含む。**たんぱく質**（約35％）には**リシン**を多く含み、栄養価が高く「**畑の肉**」といわれる。**脂質**（約19％）には、不飽和脂肪酸の**リノール酸**やリン脂質の**レシチン**を多く含む。炭水化物は、**オリゴ糖**が主成分となっている。

コロで覚える！ 大豆

大豆たんまり珊瑚、理由知らんが飼育。

大豆、たんぱく質35％、リシン、脂質19％

野菜 出る!	野菜は<u>カロテン</u>含有量によって、<u>緑黄色野菜</u>と淡色野菜に分けられる。水分が多く、<u>カリウム</u>や<u>カルシウム</u>、<u>カロテン</u>、<u>ビタミンC</u>、食物繊維が豊富。各種<u>ポリフェノール</u>を含み、生体内で生じた活性酸素を消去する作用を持つ物質(<u>抗酸化物質</u>)として注目されている。
果物 出る!	ビタミンCやカリウムなどの<u>無機質</u>、ペクチンなどの<u>食物繊維</u>を多く含む。
	<u>仁果類</u>(りんご、なし、びわなど)、<u>準仁果類</u>(柿、柑橘類など)、<u>核果類</u>(もも、さくらんぼ、あんず、うめ、すももなど)、<u>漿果類</u>(液果類:ぶどう、いちご、ブルーベリー、いちじくなど)に分類される。
きのこ類 出る!	うま味成分である<u>グアニル酸</u>、<u>グルタミン酸</u>を含む。干ししいたけは乾燥によって<u>グアニル酸</u>がさらに生成され、生しいたけより<u>香り</u>やうま味が強い。天日乾燥のものには<u>ビタミンD₂</u>が多く含まれる。
藻類 出る!	<u>ヨウ素</u>が多い。こんぶは<u>グルタミン酸</u>が多く、<u>だし</u>の素材として日本料理に欠かせない。干しこんぶの表面にみられる白色の粉末は、うま味成分のグルタミン酸や<u>マンニトール</u>。<u>天草</u>はところてんや寒天の材料となる。

②動物性食品の特徴　(CHECK! □□□)

　動物性食品は<u>魚介類</u>、<u>肉類</u>、<u>卵</u>、<u>乳類</u>である。魚介類の旬や肉の熟成を中心に、各類の栄養成分を覚えよう。

覚える! 動物性食品の特徴

魚介類 出る!	魚の旬は、産卵の1〜3ヵ月前、<u>脂肪含量</u>の多い時期。また、死後硬直後期の魚が一番おいしいとされる。脂肪酸組成は<u>EPA</u>、<u>DHA</u>などの不飽和脂肪酸を多く含む。
	貝類は、脂質の代わりに<u>グリコーゲン</u>を蓄える。このため、グリコーゲンの高い時期(<u>真牡蠣</u>なら秋〜冬、<u>蛤</u>なら春)が旬。

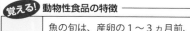

ゴロで覚える! 野菜
野菜不足で過労になると顔が緑になって泡をふく。
野菜、<u>カロテン</u>、緑黄色野菜、淡色野菜

食肉類 出る!	栄養価の高い<u>たんぱく質</u>を含む。脂質は<u>飽和脂肪酸</u>を多く含み、常温では固体である。人の体温に近い融点を持つ<u>豚脂（ラード）</u>は、<u>牛脂（ヘット）</u>より舌触りがよい。
	死後硬直中の食肉はかたく食用に適さないため、と殺後に低温（2〜4℃）で貯蔵して肉の<u>熟成</u>を待つ。熟成期間は鶏で<u>半日</u>〜<u>1</u>日、豚・馬で<u>3</u>〜<u>5</u>日、牛で<u>10</u>〜<u>14</u>日間ほど。
卵類 出る!	卵黄の成分は、水分<u>50</u>%、たんぱく質<u>17</u>%、脂質<u>34</u>%。<u>コレステロール</u>が多い。<u>たんぱく質</u>は、リポたんぱく質として存在する。また、脂質は<u>中性脂肪</u>と<u>リン脂質</u>。リン脂質のレシチンやケファリンは、<u>乳化性</u>に関与する。
	卵白の成分は、水分90%。<u>オボトランスフェリン</u>というたんぱく質は<u>細菌成長阻止作用</u>を持つ。<u>リゾチーム</u>というたんぱく質は<u>溶菌作用</u>を持つ。コレステロールは含まない。
乳類 出る!	牛乳とは成分無調整牛乳のことで、無脂乳固形分<u>8</u>%以上、乳脂肪分<u>3</u>%以上の成分を含有しているもの。
	牛乳のたんぱく質は、<u>酸</u>あるいは凝乳酵素である<u>キモシン</u>（<u>レンニン</u>）などによって凝固沈殿する<u>カゼイン</u>と、沈殿しない<u>乳清（ホエイ）たんぱく質</u>に分かれる。また乳糖が含まれ、消化によって<u>ブドウ糖</u>と<u>ガラクトース</u>に分解する。

③油脂　(CHECK! □□□)

硬化油とは、<u>不飽和脂肪酸</u>に水素を添加し、<u>飽和脂肪酸</u>に変化させ、固体の脂肪にしたもの。<u>マーガリン</u>、<u>ショートニング</u>の原料で、トランス脂肪酸を含む。

覚える! 油脂の化学的特性

酸価	<u>遊離脂肪酸</u>の量を示す値。油脂の変敗が進むと<u>上昇</u>する。
ヨウ素価	油脂中の<u>二重結合</u>の数によって変化し、数が多いほどヨウ素価は<u>大きく</u>なる。<u>不飽和度</u>を示す。
ケン化価	油脂をケン化するのに必要な<u>水酸化カリウム</u>の量。値が大きい油脂ほど、分子量は<u>小さく</u>なる。

ゴロで覚える!　食肉類
肉は西で熟成させよ。
肉類、2〜4℃、熟成

④嗜好品 (CHECK! □□□)

菓子類や、酒類(アルコール分を1%以上含む)、非アルコール飲料がある。

覚える! 酒類の分類

醸造酒	材料をアルコール発酵させたもの。清酒、ビール、ワインなどがある。
蒸留酒	醸造酒を蒸留してアルコール分濃度を高めたもの。焼酎、ウイスキー、ブランデー、ウオッカなどがある。
混成酒	醸造酒や蒸留酒に甘味料や調味料、香料などを混ぜたもの。リキュール、薬用酒、みりんなどがある。

⑤調味料及び香辛料 (CHECK! □□□)

食塩は、塩化ナトリウムが主成分。食酢は、酢酸を主成分とする酸性調味料。こしょうや唐辛子などの香辛料(スパイス)には、辛味や香りを加えたり、保存性を高めたりする働きがある。

⑥調理済み流通食品 (CHECK! □□□)

冷凍食品の保存は、食品衛生法で−15℃以下に定められている。インスタント食品とは、即席食品ともいわれるもの。レトルト食品とは、加圧加熱蒸気釜(レトルト)で加圧加熱殺菌(120℃で4分以上)したもの。

---

4 食品の加工と貯蔵

①食品の加工 (CHECK! □□□)

食品を加工する目的は、食品の安全及び衛生、味や香り・色などの嗜好性、消化・吸収、栄養価、保存性を高めることにある。この加工法には次の3つがある。

 生物的作用
生き物みたいに大きいかびのシミ、なんと布巾で拭く。
生物的作用、大豆、かびでしょうゆ・みそ、納豆、菌

覚える！ 主な加工法

物理的作用	物理的・機械的操作による加工	精白米、小麦粉、でんぷん、バター、油脂
化学的作用	化学的変化を起こさせて加工	こんにゃく、ジャム、麦芽飴
生物的作用	微生物や酵素を用いて加工	酒、みそ、しょうゆ、食酢、漬け物、ブドウ糖

②発酵による加工食品 （CHECK! □□□）

加工には、かびや酵母、細菌など、食用の微生物を利用した発酵もある。この方法によって作られた発酵食品は、消化・吸収、嗜好性、保存性に富むという特徴がある。

覚える！ 主な発酵食品

	食品名	主要材料	主要微生物
酵母を単用	ビール	大麦	ビール酵母
	ワイン	ぶどう	ワイン酵母
	果実酒	果実	酵母
	蒸留酒	穀類、果実	酵母
	パン	小麦粉、ライ麦粉	パン酵母
かびを単用	かつお節	かつお	かび
	テンペ	大豆	くものすかび

ゴロで覚える！

主な食品加工法
お化けが今夜食うジャムと、生もののさしみにぶり舞い込む。
化学的作用（こんにゃく、ジャム）・生物的作用（さけ、しょうゆ、みそ）・物理的作用（精白米、こむぎこ）

細菌を単用	納豆	大豆	納豆菌
	ヨーグルト	牛乳	乳酸菌
	食酢	アルコール	酢酸菌
かびと酵母を併用	清酒	米	麹かび、清酒酵母
	焼酎	米、いも、麦	麹かび、焼酎酵母
	泡盛	砕米	麹かび、泡盛酵母
細菌と酵母を併用	漬物	野菜	乳酸菌、酵母
	ケフィール	牛乳、羊乳、やぎ乳	乳酸菌、酵母
	クミス	馬乳	乳酸菌、酵母
かび、酵母、細菌を併用	しょうゆ	大豆、小麦	麹かび、しょうゆ酵母、各種細菌
	みそ	大豆、米、大麦	麹かび、酵母、細菌

③主な貯蔵法　(CHECK! □□□)

　貯蔵法の目的は、<u>微生物</u>の繁殖を抑えて<u>食品</u>の品質劣化を予防し、<u>長期保存</u>を可能にすることである。それぞれの特徴を覚えておこう。

覚える! 主な貯蔵法

乾燥法	食品に含まれる<u>水分</u>を少なくして、<u>細菌</u>の繁殖を抑える。<u>天日乾燥</u>(太陽熱、風力)と<u>人工乾燥</u>(加圧乾燥、常圧乾燥、<u>フリーズドライ</u>など)とがある。
低温貯蔵法	低温により、細菌の繁殖を抑える。<u>冷蔵法</u>(0〜5℃程度で保存)と<u>冷凍法</u>(−18℃程度で保存)とがあり、これらと<u>CA貯蔵法</u>を併用することが多い。<u>CA貯蔵法</u>とは、<u>酸素</u>を少なく<u>二酸化炭素</u>などを多くした人工空気の中で低温貯蔵する方法。果物などの鮮度を保ったまま長期保存できる。

CA貯蔵法
課長さん泣く、酸が多く低調。
CA貯蔵法、酸素なく、炭酸ガス多く、低温貯蔵

| 漬物法 | <u>塩</u>、<u>砂糖</u>、<u>食酢</u>などの高濃度液に漬ける。脱水作用、細菌の繁殖を抑える作用がある。 |
| 燻煙法
（くんえん） | 塩漬けや調味後の食肉・魚肉などを煙でいぶす。<u>脱水効果</u>のほか、煙の持つ<u>アセトアルデヒド</u>、<u>ホルムアルデヒド</u>などによる防腐作用がある。 |

5 食品の表示

①消費期限 （CHECK!☐☐☐）

保存方法に従って保存された未開封の食品が**腐敗**、**変敗**することなく、**食中毒**などが発生するおそれがないと認められる期限。

②賞味期限 （CHECK!☐☐☐）

未開封の状態で、その食品に期待されるすべての**品質特性**を、十分保持すると認められる期限。

③アレルギー物質の表示 （CHECK!☐☐☐）出る！

特定原材料8品目である<u>エビ</u>、<u>カニ</u>、<u>小麦</u>、そば、<u>卵</u>、<u>乳</u>、<u>落花生</u>、<u>くるみ</u>に関しては表示義務がある。

④特別用途食品 （CHECK!☐☐☐）

特別用途食品は、**特別の用途**に適す旨の表示がある食品。**健康増進法**に基づく国の許可が必要。

特別用途食品の許可証票

```
●病者用食品 ──────────── 低たんぱく質食品
                    ──── アレルゲン除去食品
●妊産婦、授乳婦用粉乳 ─── 無乳糖食品
●乳児用調製粉乳 ──────── 総合栄養食品など
●えん下困難者用食品 ───── えん下困難者用食品
●特定保健用食品 ──────── とろみ調整用食品
```

コロで
覚える！

特別用途食品
病人が授乳させた緑で得する。
<u>病</u>者、<u>妊</u>産婦、<u>授乳</u>婦、<u>乳</u>児、<u>えん</u>下困難者、<u>特定保健</u>用

②食品学　問題&解答解説

❶食品の機能

Q001
地産地消の推進は、食糧自給率の向上にはつながらない。

Q002
五大栄養素とは、炭水化物、たんぱく質、脂質、ビタミン、食物繊維のことである。

出る!

Q003
五大栄養素はすべてエネルギー源となる。

❷食品の成分

Q004
食品中に存在する結合水は、微生物の生育に利用されない。

Q005
水分活性は、自由水の割合が増えると高くなる。

Q006
食品中の砂糖の濃度を50%以上にすると、水分活性が上昇し、食品の保存性が高まる。

Q007
PFC比率は、5大栄養素の比率を表している。

Q008
炭水化物は、すべてエネルギー源となる。

得点アップのツボ! プレバイオティクスとは、人の腸内の有益なプロバイオティクス（微生物）に対して栄養源となる食品です。

A001 地域生産・地域消費の実施は**自給自足**のことであり、フード
マイレージが小さくなり、**食品トレーサビリティ**のコストが
低下するなどの利点がある。

 A002 **炭水化物**、**たんぱく質**、**脂質**、**ビタミン**、**ミネラル**（**無機
質**）のことである。

 A003 たんぱく質、脂質、炭水化物を**エネルギー産生栄養素**とい
い、**三大栄養素**と呼ばれる。

 A004 自由水は、**結合水**と正反対の状態の水であり、0℃で凍結
し、乾燥で蒸発する。微生物の生育に利用される。

 A005 水分活性とは、**自由水**の量によって変化し、自由水の割合が
増えると、水分活性は高くなり、**1.00**に近づく。

 A006 食品中の砂糖の濃度を50％以上にすると、**浸透圧**が高まっ
て**水分活性**が低下し、**細菌**の増殖が抑制されて保存性が向上
して、**防腐作用**を発揮する。

 A007 P＝**たんぱく質**、F＝**脂質**、C＝**炭水化物**。**3**大栄養素の割
合を示している。

 A008 炭水化物には、単糖類または単糖類が結合した**二糖類**、**少糖
類**、多糖類がある。**多糖類**のなかには、消化酵素では分解で
きず体内で利用されない**食物繊維**も含まれる。

**得点アップの
ツボ！** 水分活性が低いと、微生物による汚染のリスクは下がります。ほと
んどの微生物は、水分活性が0.65以下では増殖できません。

Q009

良質なたんぱく質とは、肉類や卵類などの動物性たんぱく質のことである。

Q010

不飽和脂肪酸は、植物性食品にしか含まれない。

Q011

たんぱく質は、9種類のアミノ酸から構成されている。

Q012

緑黄色野菜は、その他の野菜に比べてカロテンが多く含まれる。

Q013

出る!

アントシアニンは、生体内でビタミンAに変換される。

Q014

りんごや桃の切り口が褐色化するのは、非酵素的褐変である。

Q015

基本味とは、甘味、酸味、辛味、塩味、苦味の5つをいう。

得点アップの
ツボ!　食品成分とは「化学的根拠」に基づいたもの。化学的に分析方法を定め、それに従って測定される値です。

A009
○

動物性たんぱく質はヒトにとって食品として摂取すべき必須アミノ酸を必要量含んでいて、ヒトのからだを作るたんぱく質のアミノ酸組成と似ている。また、植物性食品では、**大豆**があげられる。

 A010
✕

脂質を構成する脂肪酸には、炭素同士の結合がすべて**単結合**である飽和脂肪酸と、**二重結合**を持つ不飽和脂肪酸がある。魚油に含まれる**EPA**、**DHA**は不飽和脂肪酸である。

 A011
✕

ヒトのたんぱく質は、**20**種類のアミノ酸から構成されている。たんぱく質は、数百～数千のアミノ酸がペプチド結合したポリペプチドである。

 A012
○

緑黄色野菜は、**カロテン**を多く含み、通常100g中に**β-カロテン**当量として600μg以上ある。**トマト**や**ピーマン**など600μg以下のものもある。

 A013
✕

生体内でビタミンAに変換されるのは、**プロビタミンA**と呼ばれ、**β-カロテン**などである。

 A014
✕

酵素的褐変は、食品に含まれる**ポリフェノール**がポリフェノールオキシダーゼによって酸化されて起こる。これを防ぐには、**加熱**して酵素を不活性化する、**食塩**で酵素の働きを抑制する、**空気（酸素）**に触れないようにする、ビタミン**C**などの還元剤を用いるなどがある。

 A015
✕

味には**甘味**、**酸味**、**苦味**、**塩味**、**うま味**の5つの基本味がある。これらは味覚神経を介して認識される。**辛味**、**渋味**などは、口腔粘膜への刺激が伝わって認識される。

得点アップの ツボ！ 栄養素とは「生物学的根拠」に基づくもの。身体構成材料、エネルギー源、生体調節因子、生物学的な考察によって導き出された概念です。

Q016 すいかに少量の塩をつけて食べると甘く感じるの
は、対比効果である。

Q017 テアニンは、玉露に多く含まれるうま味成分であ
る。

---

③食品の特徴

Q018 もち米に含まれるでんぷんは、アミロペクチン100
%で構成されている。

Q019 精白米の搗精度(とうせいど)(歩留まり)は、約80%である。

Q020 米の主要たんぱく質はオリゼニンで、小麦のたん
ぱく質に比べて質的にやや優れている。

Q021 薄力粉、中力粉、強力粉のうち、たんぱく質を一
番多く含むのは薄力粉である。

Q022 こんにゃくいもの主成分は、グルコマンナンであ
る。

出る!

得点アップのツボ! 無洗米は、無洗化処理米の略。普通精米を専用無洗化処理装置により処理し、洗わずに炊飯できる程度に精製された米です。

A016 ○ 味には相互作用があり、主となる味が一方の味によって引き立てられるものを**対比**効果という。一方の味または両方の味が弱まることは**抑制**効果。味成分を別々に摂取したときより、同時に摂取したときに強まるのが**相乗**効果。別の味を摂取したときに、本来の味と異なる味を感じるのが**変調**効果である。

A017 ○ うま味成分には、玉露に含まれるテアニンのほか、こんぶに含まれる**グルタミン酸**、かつお節の**イノシン酸**、干ししいたけの**グアニル酸**、貝類の**コハク酸**がある。そのほか、いかやたこに含まれるグリシン、ベタインなどがある。

A018 ○ もち米は、アミロペクチン100%で粘りが強い。うるち米のでんぷんは、**アミロペクチン**約80%、**アミロース**約20%で構成されており、粘りが**弱い**。

A019 ✕ 精白米の搗精度は、**90～92**%となる。米はもみ殻をとり除くと玄米となり、玄米は**ぬか層**、**胚芽**、**胚乳**からなる。**胚乳**部分が精白米となる。

A020 ○ 米のたんぱく質は動物性食品に比べて質的にやや劣るが、小麦粉のたんぱく質よりも**リシン**が多く、優れている。また、玄米を精白すると、特にビタミンB_1が減少する。

A021 ✕ たんぱく質含量が多い順に**強力**粉、**中力**粉、**薄力**粉となる。たんぱく質は小麦加工食品を作るうえで、重要な役割を果たしている。

A022 ○ グルコマンナンは、こんにゃくいもに含まれる水溶性食物繊維で**グルコース**と**マンノース**が2：3の割合で結合している。ヒトの**消化液**では消化されない。

得点アップのツボ！ アルファ化米は、米を糊化させたあと、乾燥させたもので、湯を加えたり、水を加えて加熱したりすると飯になります。

Q023
□□□

野菜はカリウムの含有量の違いによって、緑黄色野菜と淡色野菜に分けられる。

Q024
□□□

きのこは、うま味成分としてイノシン酸を含む。

Q025
□□□

こんぶの表面にみられる白い粉状の物質は、きれいに洗い落としてから使用する。

Q026
□□□

魚の脂には、生活習慣病の予防に役立つEPAやDHAなど飽和脂肪酸が多く含まれている。

Q027
□□□

食肉は、と殺直後が一番おいしい。

Q028
□□□

出る!

ラードより、ヘットのほうが舌触りがよい。

Q029
□□□

卵白には、溶菌作用のあるリゾチームが含まれているため、ゆで卵より生卵のほうが、保存性がよくなる。

Q030
□□□

卵の鮮度の低下とともに、濃厚卵白はさらに濃厚となる。

得点アップの **ツボ!** こんぶはぬめり成分であるアルギン酸やフコダインを含みます。これらは加熱すると溶け出すため、だしをとる際には注意が必要です。

A023 ×
野菜は**カロテン含有量**によって、<u>緑黄色野菜</u>と<u>淡色野菜</u>に分けられる。β-カロテン当量が600μg以上のものを<u>緑黄色野菜</u>としている（栄養指導上、<u>緑黄色野菜</u>としたものもある）。

A024 ×
きのこのうま味成分は**グアニル酸**である。きのこを加熱することにより、生成量が増す。また、干ししいたけは、ビタミン**D₂**や食物繊維を多く含む低カロリー食品である。

A025 ×
こんぶの表面の白い粉状の物質は、うま味成分である**グルタミン酸**や**マンニトール**である。気になる場合は、ぬれ布巾で軽く拭く程度で使用する。

A026 ×
EPA、DHAは**多価不飽和脂肪酸**である。これらは生活習慣病の予防に役立つことから、魚介類を多く摂取する日本型の食生活が見直されている。

A027 ×
死後硬直中の食肉はかたく食用に適さないため、<u>低温</u>で貯蔵して熟成を行う。

A028 ×
ヘット（牛脂）よりラード（豚脂）のほうが、融点が<u>低く</u>、舌触りがよい。

A029 ○
卵は生の状態では、卵白に含まれる**リゾチーム**などによって外からの雑菌に守られているが、加熱するとその効果がなくなる。

A030 ×
卵は保存中に気孔を通した水分の蒸散（気室の拡大）や二酸化炭素の放散が起こり、卵白のpHはアルカリ性となり、濃厚卵白は**水様化**する。

得点アップの ツボ！ ゆで卵の卵黄の黒変は、卵白のたんぱく質の分解によって生じた硫化水素が、卵黄の鉄イオンと反応するために起こります。

73

Q031

成分調整牛乳は、加工乳に分類されている。

Q032

チーズは、牛乳に含まれる脂肪をレンネットという凝乳酵素で固めたものである。

Q033

植物油脂には、オレイン酸やリノール酸に富むものが多く、ヨウ素価は動物油脂に比べて高い。

出る!

Q034

調合油には、ドレッシングなど生食に適するように純度の高い精製が行われるサラダ油と、天ぷらなどの調理用に用いられる精製油がある。

Q035

酒税法では、アルコール分を0.5%以上含む飲料をアルコール飲料という。

Q036

食酢は、発酵食品である。

Q037

食塩の主成分は、塩化ナトリウムである。

得点アップの
ツボ!　ヨウ素価とは、油脂の不飽和度を表す値で、ヨウ素価が大きい油脂は二重結合を多く含みます。

A031 ✕ 　加工乳とは生乳にクリームやバター、脱脂粉乳などの乳製品を加えたもの。生乳を原料とした乳製品を加工したもの。成分調整牛乳は、生乳100%から乳成分(乳脂肪、水分)などを除去して成分調整し、殺菌したもの。

A032 ✕ 　チーズは牛乳に乳酸菌などを加えて酸乳化し、**レンネット**(凝乳酵素)を加えて、たんぱく質(**カゼイン**)を主成分とする固形成分(**カード**)と液体成分(**ホエー**)に分離し、固形成分を脱水し、固めたものである。

A033 ◯ 　油脂の化学的特性として、ヨウ素価と**ケン化価**がある。ヨウ素価は脂肪酸の**不飽和度**を示し、酸化が進むと**減少**する。ケン化価は、構成脂肪酸の分子量の程度を知ることができ、分子量の小さい脂肪酸が多いと**高く**なる。

A034 ◯ 　調合油とは、2種類以上の油脂を配合・調整した油のこと。高純度の精製が行われているサラダ油は**低温下**でも分離せず、べたつかない。精製油は、**天ぷら油**ともいう。

A035 ✕ 　アルコール飲料とは、アルコール分を_1_%以上含む飲料をいう。食品成分表では醸造酒類(日本酒、ビール、ワインなど)、蒸留酒類(焼酎、ウイスキー、ウオッカなど)、混成酒類(梅酒、みりん、キュラソーなど)に分けられている。

A036 ◯ 　使用する原料によって、**穀物酢**(米酢、穀物酢)と**果実酢**(りんご酢)に分けられる。製造過程では、でんぷんを**麹かび**で糖化させ、糖を**酵母**でアルコール発酵させ、アルコールを**酢酸菌**によって酢酸発酵している。

A037 ◯ 　**食品成分表**では、ナトリウム量に2.54を乗じて算出した値を食塩相当量として示している。

得点アップのツボ! 日本食品標準成分表には、わが国において常用される2,478食品について、標準成分値を1食品1成分値の原則で収載しています。

Q038 オリーブオイルは、オリーブの種子から油を抽出している。

---

❹食品の加工と貯蔵

Q039 ビーフンの原料には、強力粉が用いられている。

Q040 ワインは、かびを利用して発酵させて作る。

Q041 バターのヨウ素価は、とうもろこし油より大きい。

Q042 しょうゆは大豆や小麦を原料に、酵母を使って発酵、熟成させたものである。

Q043 貯蔵の第一の目的は、食品の熟成を促すことにある。

Q044 野菜を塩漬けにすると、野菜の外の浸透圧が低くなることによって、野菜の水分が減少する。

Q045 フリーズドライとは、温風乾燥機によって食品を乾燥させる方法である。

出る！

得点アップの **ツボ!** 食品に関与する微生物にはかび、酵母、細菌があります。有益な食品ができることを発酵、有害な食品ができることを腐敗といいます。

A038 ✕　オリーブオイルは、菜種油やひまわり油のように種子から油を抽出するのではなく、その**果肉**から油分を取り出している。

 A039 ✕　ビーフンの原料は**米粉**である。**うるち米**を水に浸けてから製粉機にかけ、蒸して**めん状**にし、加熱乾燥している。

 A040 ✕　ワインは、**ワイン酵母**を単用して発酵させて作る。かびを単用して発酵させて作るものとしては、**かつお節**がある。

 A041 ✕　バターのヨウ素価は、とうもろこし油より**小さい**。ヨウ素価は脂肪を構成する脂肪酸の炭素水素鎖に含まれる二重結合の数によって変化し、数が多いほどヨウ素価は**高く**なる。

 A042 ✕　しょうゆは大豆、小麦のたんぱく質やでんぷんを**麹かび**の酵素によって分解し、**乳酸菌**などの作用により有機酸が作られ、**酵母**によって発酵、熟成されてできる。

 A043 ✕　貯蔵の目的は**微生物**の繁殖を抑えて食品の**劣化**を予防し、**長期保存**を可能にすること。

 A044 ✕　塩漬けによって食品外の溶質の浸透圧を**上昇**させ、野菜の細胞から水分を**減少**させることにより、**水分活性**が低下するため、細菌の増殖を抑制できる。

 A045 ✕　フリーズドライは**凍結乾燥法**といい、食品を一度凍結させて、**真空凍結乾燥機**に入れて真空下で乾燥させる。利点として、低温で乾燥が進行するため、成分変化はほとんどなく、色・香り・味・栄養価も保持する。

得点アップのツボ！　真空凍結乾燥法（フリーズドライ製法）食品は、品質変化が小さく、水でもどすと乾燥前とほとんど同じ状態にもどります。

77

Q046 MA貯蔵は、野菜や果物を専用の冷蔵庫に入れて外気を遮断し、室内のガスの組成を調整して、長期貯蔵する方法である。

Q047 なすは冷蔵保存（7℃以下）すると、低温障害を起こしやすい野菜である。

Q048 うるち米を加工した食品に、白玉粉がある。

Q049 オートミールは、大麦をひき割りにしたもので、消化・吸収もよい。

Q050 麦ごはんとして米と混ぜて炊飯されるのは、ライ麦である。

Q051 じゃがいもの芽には、アミグダリンが含まれている。

Q052 さといもには、ガラクトースの重合体であるガラクタンが含まれ、かゆみの原因となっている。

Q053 タピオカパールの主原料は、キャッサバでんぷんである。

得点アップのツボ! じゃがいもにはビタミンCが多く、加熱による損失が少ないのが特徴です。

MA貯蔵は、野菜を**ポリエチレン**や**ポリプロピレン**で包装し、CA貯蔵と似た状態にして保存する方法。問題文はCA貯蔵の説明である。

低温障害を起こしやすい野菜には、なす、トマト、きゅうり、いんげん、さつまいも、ピーマン、かぼちゃなどがある。変色、**軟化**、ビタミン**C**の減少などが起こる。

うるち米を加工したものには**上新**粉や**上用**粉があり、団子や柏餅が作られる。白玉粉は**もち米**を加工したもので、和菓子などの材料に使われる。

オートミールは、**えん麦（オーツ麦）**を加工したもの。他の穀類に比べて**たんぱく質**や**食物繊維**が多い。欧米で朝食としてよく食べられている。

麦ごはんに混ぜられるものは**大麦**。精白して、押し麦や切断麦として、米と混ぜて炊飯される。品質的に食用として使われるのは、**六条大麦**である。

じゃがいもの芽や緑色の部分には、**ソラニン**という有毒物質が含まれているので、取り除く必要がある。アミグダリンは、**青梅**などに含まれる有毒物質である。

ガラクタンは、さといもの**ぬめり**の成分。同様の**ムチン**も含まれる。かゆみの原因は、シュウ酸カルシウムが針状結晶として存在し、皮をむいたりすることで皮膚を刺激するため。

でんぷん製品には、緑豆のでんぷんを原料とした**緑豆春雨**、じゃがいもでんぷんを原料とした**普通春雨**、葛でんぷんを使用した葛きりやごま豆腐などがある。

得点アップのツボ！ じゃがいもの発芽防止に、放射線の照射が利用されています。

Q054

おからとは、大豆から豆腐を製造する過程で、豆乳を搾った際に出てくる搾りかすのことである。

Q055

小豆やいんげん豆のあんは、たんぱく質を熱変性させて作る。

Q056

煮魚の煮こごりは、魚肉に含まれるエラスチンがゼリー状に固まったものである。

Q057

硬化油は、マーガリンやショートニングの原料となる。

Q058

緑茶の緑色は収穫後、加熱によって葉に含まれる酸化酵素を不活性化して保たせている。

---

⑤食品の表示

Q059

病者の食事療法など、特別の用途に適する旨を表示した食品を特定保健用食品という。

出る!

Q060

消費期限は比較的保存のきく食品に表示されるもので、品質が変わらずにおいしく食べられる期限のことである。

得点アップの ツボ! 健康食品と呼ばれるものには、法律上の定義はありません。国の制度としては「保健機能食品制度」があります。

A054 ○ おからは豆腐を作ったあとの残渣物であるが、**栄養的**には優れている。脂質も多く**リノール酸**を含み、**レシチン**も豊富に含まれている。

 A055 ○ 小豆やいんげん豆の主成分は**でんぷん**であり、そのでんぷんは、水と加熱により**あん**となる。米やいものでんぷんと異なり、**糊化**しにくい性質がある。

 A056 × 魚の煮こごりは**コラーゲン**に由来し、加熱によって可溶性ゼラチンとなり、冷えて固まったもの。エラスチンは、**コラーゲン**同士を結びつけているたんぱく質。

 A057 ○ 硬化油は魚油、鯨油、植物油などに水素を添加させて作ったもので、常温では固体の脂肪になる。また、**トランス脂肪酸**が含まれる。**トランス脂肪酸**の摂りすぎは、虚血性心疾患の原因になるとされている。

 A058 ○ 緑茶のうま味成分はアミノ酸類で、玉露は**テアニン**というアミノ酸のうま味成分を含む。発酵茶である紅茶は加熱しないため、葉に含まれる**酸化酵素**の働きで茶色〜黒色に変化する。

 A059 × 特定保健用食品(トクホ)は、食品が持つ**特定の用途**を表示することができるもので、病者の食事療法には関係しない。説明は**特別用途食品**である。

A060 × 消費期限は生鮮食品や弁当、総菜、生菓子など傷みやすい食品に表示され、**安全に**食べられる期限のことである。

得点アップの ツボ! 特定保健用食品(トクホ)は、厚生労働省から認可された保健の効果を表示することができる食品のことです。

81

試験勉強のポイント！

- 健康な生活を送るため、あるいは病気を予防・治療するために、どのような食物をどのようにとるかを知る
- 3大栄養素とアトウォーター係数、栄養素の種類と機能、栄養素と消化酵素との関係、ライフステージ別の栄養摂取の特徴、肥満症・糖尿病・腎臓病などの病態と栄養・食事について把握する

1 栄養学概論

①体の構成成分　CHECK! ☐☐☐

　人間の体を作っている元素は約**60**種類あり、その大部分は<u>酸素、炭素、水素、窒素</u>で占められている。成人の体の約**60％**を占める水分は栄養素ではないものの、生命の維持に重要な成分である。水分の役割は、<u>栄養素の運搬、体温の調節、老廃物の排泄</u>などである。水分の**20％**が失われると生命に危険が及ぶとされる。

②栄養素の主な機能とアトウォーター係数　CHECK! ☐☐☐　出る!

　栄養素には、基礎となる**3大栄養素**と**微量栄養素**がある。それぞれの機能と**アトウォーター係数**（エネルギーを発生する栄養素が体内で燃焼したとき、1gにつき発生するエネルギー）との関連づけが大切。

覚える! 栄養素の機能とアトウォーター係数

栄養素		主な機能	アトウォーター係数
3大栄養素	糖質	エネルギー源となる	**4** kcal/g
	脂質		**9** kcal/g
	たんぱく質	体の組織を作る	**4** kcal/g
微量栄養素	無機質		
	ビタミン	体の機能を調節する	

コロで覚える! 体の構成成分
炭酸水で窒息。
炭素、酸素、水素、窒素

③食品標準成分表 CHECK!□□□

　2020年12月に「日本食品標準成分表2020年版（八訂）」として公表された。<u>2,478</u>食品が掲載され、18群は「調理済み流通食品類」と名称が改められ、「食品会社が製造・販売する工業的な調理食品及び配食サービス事業者が製造・販売する調理食品」と新たに定義された。家庭等で調理する調理済み食品等は、その原材料食品が属する食品群に収載された。食品のエネルギー値は、その食品に含まれるエネルギー産生成分量に、<u>エネルギー換算係数</u>を乗じたものの和として算出されている。

④日本人の食事摂取基準（2020年版） CHECK!□□□

- 健康な個人及び集団を対象として、国民の健康の保持・増進、生活習慣病の予防のために参照するエネルギー、及び栄養素の摂取量の基準。
- 主要な生活習慣病の発症予防と重症化予防の徹底を図るとともに、社会生活を営むために必要な機能の維持及び向上。
- 新たに、生活習慣病の重症化及び高齢者の低栄養予防とフレイル予防を目的とした量を設定。
- 高齢者を65～74歳、75歳以上の２つに区分した。
- 「たんぱく質」①フレイル予防の観点から高齢者のたんぱく質目標量の見直し。②フレイル予防を図る上での留意事項を表の脚注として記載。
- 「飽和脂肪酸」脂質異常症の重症化予防を目的としたコレステロール量と、トランス脂肪酸の摂取に関する情報を表の脚注として記載。
- 「ナトリウム」①ナトリウム量の目標量の引き下げ（食塩相当量で0.5g）。②高血圧及び慢性腎臓病（CKD）の重症化予防を目的とした量を表の脚注として記載。

2 栄養素の機能

①炭水化物の種類 CHECK!□□□ 出る!

　炭水化物は、<u>糖質</u>と<u>食物繊維</u>を合わせたもの。糖質の違いによって、次の３つに分類される。それぞれ整理して覚えよう。

覚える! 炭水化物の分類

単糖類	<u>ブドウ糖</u>、果糖、<u>ガラクトース</u>、マンノースなど

 **コロで覚える!** 3大栄養素のアトウォーター係数
どうしたん？　しくしく泣いて。
糖質、脂質、たんぱく質 → 4 kcal/g、9 kcal/g、4 kcal/g

少糖類	ショ糖（スクロース→ブドウ糖＋果糖）
	乳糖（ラクトース→ブドウ糖＋ガラクトース）
	麦芽糖（マルトース→ブドウ糖＋ブドウ糖）
多糖類	でんぷん（アミロース、アミロペクチン）
	グリコーゲン（動物における糖質エネルギーの貯蔵形態）
	デキストリン（でんぷんを酸やアミラーゼに加水分解する際に生じる中間生成物）
	食物繊維（難消化性多糖類、またはダイエタリーファイバーともいわれる。水溶性と不溶性がある。腸の蠕動運動を促進し、便量の増加など整腸作用がある。）ペクチン、グルコマンナン、セルロースなど

②脂質 （CHECK! □□□）出る！

脂質は、その働きや構造から以下のように分けられる。

覚える！ 脂質の分類

単純脂質（中性脂肪）			1つのグリセリン（グリセロール）に、3つの脂肪酸が結合したもの。皮下脂肪。
複合脂質			単純脂質にリン酸や糖が結合したもの。レシチン。
誘導脂質			単純脂質や複合脂質が変化したもの。脂肪酸、ステロール類。
脂肪酸	飽和脂肪酸		二重結合を持たないもの。動物性脂肪に多い。
	不飽和脂肪酸	一価不飽和脂肪酸	二重結合が1つのもの。オレイン酸はオリーブオイルに多い。
		多価不飽和脂肪酸	二重結合が2つ以上のもの。リノール酸やリノレン酸は、大豆油やサフラワー油に多く含まれる。エイコサペンタエン酸（EPA、IPA）、ドコサヘキサエン酸（DHA）は魚油に多い。
必須脂肪酸			体内で作ることができない。リノール酸、リノレン酸、アラキドン酸の3つ。

③たんぱく質 （CHECK! □□□）

たんぱく質は20種類のアミノ酸からなる化合物で、組み合わせなどにより次の3つに分類される。

ゴロで覚える！ 多糖類
でんぐり返しできる食通グルメ、口にロース。
でんぷん・グリコーゲン・デキストリン・食物繊維・グルコマンナン・ペクチン・セルロース

覚える！ たんぱく質の分類

単純 たんぱく質	アミノ酸のみで作られたもの。アルブミン、グロブリン、グルテリン、プロラミンなどがある。
複合 たんぱく質	核たんぱく質：ヌクレイン（細胞） 糖たんぱく質：オボムコイド（卵白）、オボムチン（卵白） リンたんぱく質：カゼイン（牛乳）、ビテリン（卵黄） 色素たんぱく質：ヘモグロビン（血液）、ミオグロビン（筋肉） リポたんぱく質：リポビテリン（卵黄）
誘導 たんぱく質	たんぱく質が熱や酸、アルカリなどによって構造変化したもの。コラーゲンが熱水で抽出されて変性したゼラチンなどがある。

覚える！ たんぱく質を構成するアミノ酸

アミノ酸	たんぱく質の最小単位。20種類といわれるアミノ酸のうちの9種類は体内で作ることができない、もしくは作られる量が少ないので、必ず食品から摂取する必要がある。この9種類を必須アミノ酸という。
必須アミノ酸	イソロイシン、ロイシン、リシン（リジン）、メチオニン、フェニルアラニン、トレオニン（スレオニン）、トリプトファン、バリン、ヒスチジン

④無機質　CHECK！□□□

　無機質はミネラルともいう。作用には、①骨や歯の成分となる、②細胞膜や血液を構成する、③酵素反応を活性化する、④筋肉や神経の働きなどを調節する、などがある。

覚える！ 無機質の分類

種類（元素記号）	主な働き	多く含む食品
カルシウム（Ca）	骨と歯の成分となる。	牛乳・乳製品、小魚、豆類
	血液の凝固作用がある。	
	神経や筋肉の働きに必要（骨形成の際にはアミノ酸やビタミンD、マグネシウムなどが必要）。	
リン（P）	骨と歯の成分となる。	穀類、肉類、魚介類、卵黄
	体液の浸透圧・pHの調節（摂取量はCa：P＝1：1がよい）。	

コロで覚える！

複合たんぱく質
富豪、リングで食事し、当確をリポート。
リンたんぱく質、色素たんぱく質、糖たんぱく質、核たんぱく質、リポたんぱく質

マグネシウム(Mg)	骨と歯の成分となる。	海藻類、種実類
	酵素反応に関与する。	
カリウム(K)	体液の浸透圧・**pH**の維持と調節などの働きがある。	野菜、果物
ナトリウム(Na)	体液の浸透圧・pHの調節などの働きがある。	塩、調味料
鉄(Fe)	赤血球の構成成分で、酸素を運搬する。	あさり、レバー、干しエビ
	動物性食品に含まれる鉄（ヘム鉄）の吸収率は、植物性食品に含まれる鉄（非ヘム鉄）より高い。**ビタミンC**やたんぱく質と一緒に摂取すると吸収率が上がる。	
銅(Cu)	酵素の成分で、ヘモグロビンの合成に関与する。	タコ、牡蠣
亜鉛(Zn)	酵素の成分。欠乏すると味覚障害を呈する。	牡蠣、レバー
マンガン(Mn)	酵素の活性化に必要。	植物性食品
ヨウ素(I)	甲状腺ホルモンの成分。	海産物

⑤ビタミン　(CHECK! □□□)

　ビタミンは、エネルギーを発生させたり体の組織のもとになったりすることはないが、体の機能を調節する大きな役割があり、大きく**脂溶性ビタミン**と**水溶性ビタミン**に分けられる。ビタミンA、D、E、K、B群、Cについては、特にしっかり覚えておきたい。

覚える！ ビタミンの分類

種類		主な働き	欠乏症	多く含む食品
脂溶性ビタミン	A	視覚、皮膚、粘膜の保持と保護	夜盲症、角膜乾燥症（過剰症は頭痛、発疹、疲労感、胎児の催奇形性へ影響）	レバー、ウナギ

86

ゴロで覚える！ マンガンの働き
マンガ読み、控訴審に勝つ。
マンガンは酵素を活性化させるのに必要

脂溶性ビタミン	D	小腸からの<u>Ca</u>、<u>P</u>の吸収促進。骨、歯の石灰化促進	<u>骨軟化症</u>、くる病、<u>骨粗鬆症</u>	<u>きのこ（乾）</u>、<u>アンコウの肝</u>、<u>シラス干し</u>
	E	<u>抗酸化作用</u>、生体膜の安定化	<u>不妊症</u>	<u>かぼちゃ</u>、<u>ウナギ</u>
	K	血液凝固因子の生成	<u>易出血</u>	<u>納豆</u>
水溶性ビタミン	B1	糖質代謝の補酵素	<u>脚気</u>、<u>浮腫</u>	<u>ウナギ、豚肉</u>
	B2	脂質代謝の補酵素	<u>口内炎</u>、<u>口角炎</u>	<u>レバー、ウナギ</u>
	ナイアシン	<u>糖質代謝の補酵素</u>（体内で<u>トリプトファン</u>から合成される）	<u>ペラグラ</u>	<u>レバー</u>、<u>カツオ</u>、<u>マグロ</u>
	B6	<u>アミノ酸代謝の補酵素</u>。腸内細菌により合成	<u>皮膚炎</u>、<u>発育不全</u>	<u>ミナミマグロ</u>、<u>カツオ</u>、<u>牛レバー</u>、<u>にんにく</u>
	葉酸	<u>核酸の合成</u>。アミノ酸の代謝に関係している	悪性貧血、胎児の神経障害	<u>野菜、果実</u>、<u>豆類</u>
	B12	<u>抗悪性貧血因子</u>。コバルトが構成成分	悪性貧血	動物性食品
	ビオチン	<u>脂肪酸の合成</u>。腸内細菌により合成	<u>皮膚炎</u>	<u>レバー</u>、<u>豆類</u>
	パントテン酸	糖質や脂質の代謝の補酵素	頭痛、<u>副腎障害</u>	肉類、魚介類
	C	<u>コラーゲンの合成</u>。抗酸化作用。生体内の還元作用	<u>壊血病</u>	野菜、果実

3 栄養生理

①空腹感　(CHECK! □□□)

　固形食物に対する欲求（空腹感）は、<u>摂食中枢</u>の興奮によって感じる。また、<u>動脈</u>の血糖値と<u>静脈</u>の血糖値との差が小さくなったとき、外気が寒冷になって血液の温度がわずかに下がり、摂食中枢を刺激したときにも覚える。

ゴロで覚える！　脂溶性ビタミン
ビタミン<u>でかした</u>！
<u>D・E・K・A</u>

②消化酵素 （CHECK! □□□）

消化酵素は、<u>唾液</u>、<u>胃液</u>、<u>膵液</u>、<u>腸液</u>などの消化液に含まれる。

覚える！ 消化酵素の種類

消化酵素	消化液	作用部位	分解される栄養素	分解生成物
<u>唾液アミラーゼ</u> （プチアリン）	唾液	口腔、胃	<u>でんぷん</u>	デキストリン、 麦芽糖
<u>ペプシン</u>	胃液	胃	<u>たんぱく質</u>	ペプトン、 プロテオース
<u>膵アミラーゼ</u>	膵液	十二指腸	<u>でんぷん</u>	麦芽糖
<u>膵リパーゼ</u>			<u>脂質</u>	脂肪酸、 グリセロール
<u>トリプシン、</u> <u>キモトリプシン</u>			<u>たんぱく質</u>	ペプチド
〈含まない〉	<u>胆汁</u>	十二指腸	<u>脂質の乳化作</u> <u>用</u>（補助）	乳化物質
マルターゼ	腸液	小腸 小腸粘膜	<u>麦芽糖</u>	ブドウ糖
スクラーゼ			<u>ショ糖</u>	ブドウ糖、果糖
<u>ラクターゼ</u>			<u>乳糖</u>	ブドウ糖、 ガラクトース
<u>ペプチダーゼ</u>			<u>ペプチド</u>	アミノ酸

③主要なホルモンとその働き （CHECK! □□□）

・膵臓から分泌される<u>**インスリン**</u>は、グリコーゲンの生成を促して<u>血</u>
　<u>糖値</u>を下げる。
・グルカゴン、成長ホルモン、アドレナリンは、グリコーゲンや脂質
　の分解を促して<u>血糖値</u>を上げる。
・<u>甲状腺ホルモン</u>はサイロキシンと呼ばれ、ヨウ素を含んでいる。
・<u>副腎髄質ホルモン（アドレナリン）</u>は、血圧を上げる。
・下垂体前葉から分泌される<u>**プロラクチン**</u>は、乳汁分泌を促す。

4 ライフステージと栄養

①妊娠期 （CHECK! □□□）

母体の変化に対応した食事が必要。胎児の生育に重要な<u>たんぱく質</u>、ビ

ゴロで
覚える！
消化液
消化試合の長打の推移。
腸液、唾液、膵液、胃液

<u>タミン</u>、<u>カルシウム</u>を十分にとる。しかし栄養過多による肥満が<u>糖尿病</u>、<u>妊娠高血圧症候群</u>、<u>難産</u>を引き起こすこともあるため、注意が必要である。

②乳児期　(CHECK! □□□)

身体的、生理的、精神的発育の最も盛んな時期。食事形態も乳汁から食品摂取へ移行する。

③成長期　(CHECK! □□□)

幼児期～学童期は成長が著しいときで、バランスのよい栄養摂取を心がける。思春期～青年期は栄養の過不足、<u>摂食障害</u>や<u>体重管理</u>に注意する。

④成人期　(CHECK! □□□)

この時期は、女性の<u>やせ</u>、生活習慣病をまねく中高年の<u>肥満</u>が特徴的。

⑤高齢期　(CHECK! □□□)

<u>65</u>歳以上が高齢期。味覚障害、<u>えん下</u>障害などの<u>老化</u>現象に対応する。

5　病態と栄養

①メタボリックシンドローム　(CHECK! □□□)

メタボリックシンドロームとは、内臓脂肪の蓄積（へその高さでの腹囲：男性85cm以上、女性90cm以上）によって**インスリン抵抗性**（**インスリン**の働きの低下）が起こり、糖代謝異常（**耐糖能異常**、**糖尿病**）、脂質代謝異常（高中性脂肪血症、低HDLコレステロール血症）、高血圧などの<u>動脈硬化</u>の危険因子が集積している状態をいう。

②疾病と主な食事療法　(CHECK! □□□)

主な疾病に応じた、栄養と食事療法の注意点について覚えよう。

覚える！ 疾病と主な食事療法

<u>肝炎</u>	バランスのよい食事。<u>禁酒</u>。
<u>膵炎</u>	禁酒。<u>脂質</u>の制限。
<u>腎炎</u>	<u>塩分</u>、<u>たんぱく質</u>の制限。<u>エネルギー確保</u>。
<u>腎不全</u>	<u>塩分</u>、<u>たんぱく質</u>、<u>カリウム</u>の制限。<u>エネルギー確保</u>。
<u>高血圧</u>	<u>塩分</u>の制限。バランスのよい食事。肥満の是正。
<u>糖尿病</u>	<u>エネルギー</u>制限。バランスのよい食事。肥満の是正。
<u>痛風</u>	<u>プリン体</u>制限。禁酒。バランスのよい食事。肥満の是正。

ゴロで覚える！ 糖尿病の3大合併症
合併して結党大会、猛進人事。
血糖、高い、網膜症、神経障害、糖尿病性腎症

❶栄養学概論

Q001　脂肪は体内に取り込まれると、1gあたり9kcalのエネルギーを発生する。

Q002　ヒトの体は、酸素、炭素、水素、窒素の4元素で構成されている。

Q003　成人の体は約40%が水分である。水分の20%が失われると生命に危険が及ぶ。

Q004　ヒトの体には、たんぱく質、糖質、脂質の順に多く含まれている。

Q005　エネルギー消費量は、基礎代謝、食後の熱産生、身体活動の3つに分類される。

出る!

Q006　体重1kgあたりの基礎代謝量は、個人の一生を通じて変わることはない。

得点アップのツボ!　人体は約60種類の元素で構成され、水素、酸素、炭素、窒素で約96%を占め、残り約4%が無機質(ミネラル)といわれています。

A001
○

<u>エネルギー産生栄養素</u>は**3大**栄養素といわれ、それぞれ1g あたり、たんぱく質**4**kcal、炭水化物**4**kcal、脂質**9**kcalの エネルギーを発生する。

A002
×

ヒトの体を作っている元素は約60種類ある。大部分は<u>酸素</u>、 <u>炭素</u>、<u>水素</u>、<u>窒素</u>であるが、**カルシウム**や**鉄**、**リン**など構 成成分として存在する。

A003
×

成人の身体の約**60%**を水分が占めており、その役割は**栄養素** の運搬、<u>体温</u>の調節、<u>老廃物</u>の排泄など、生命の維持に重要 な働きを担っている。

A004
×

通常は、<u>脂質</u>、<u>たんぱく質</u>、<u>糖質</u>の順に多く含まれていて、 特に糖質はわずかにしか含まれないが、食事中には多く含ま れている。

A005
○

基礎代謝は<u>安静仰臥位</u>、すなわち身体活動のない状態での必 要最小限の<u>エネルギー</u>であり、性、年齢、体格などによって 異なる。**エネルギー摂取量**が**エネルギー消費量**を上回る状態 が続くと、体重が増加する。

A006
×

基礎代謝量は**年をとる**にしたがって低くなる。また、**筋肉量** が多いほど高くなる。体温が上昇すると<u>高く</u>なり、外気温が 高くなると<u>低く</u>なる。

第3章 栄養学

①栄養学概論

得点アップの ツボ! 人体の15〜20%を占めるたんぱく質は、筋肉のほかに免疫抗体、酵素、 ホルモンなどになる大変重要な栄養素です。

Q007 食品成分表の食塩相当量は、ナトリウム量をgで表している。

Q008 ミネラルは体内で作られるものがあるので、食事から摂取しなくてもよいものがある。

Q009 日本人の食事摂取基準は、習慣的な摂取量を「1日当たり」で示している。

Q010 「日本人の食事摂取基準(2020年版)」では、生活習慣病の治療を目的とした目標値も定められた。

Q011 食事バランスガイドは5つの区分に分かれ、一番上が「主菜」である。

Q012 BMI(体格指数)は、エネルギー収支バランスの指標とはならない。

得点アップのツボ! 消費エネルギーの減少は肥満をもたらし、メタボリックシンドロームを引き起こします。

食塩相当量は、ナトリウム量に**2.54**を乗じて算出した値。ナトリウム量には食塩に由来するもののほか、**グルタミン**酸ナトリウムなどに由来するナトリウムも含まれる。

 ミネラルは**体内**で作ることはできない。約40種類存在し、栄養素として不可欠なものは**必須ミネラル**とよばれ、必要な量に応じて**多量ミネラル**、**微量ミネラル**に分けられる。

 食事摂取基準は、**健康増進法**に基づき、**国民の健康**の保持・増進、**生活習慣病**の予防のために、**エネルギー**と**栄養素**の基準を示すものである。

 生活習慣病の発症予防を目的として、**目標量**が定められている。生活習慣病の重症化予防およびフレイル予防を目的として量が設定できる場合は、目標量とは区別して示している。

 上から「**主食**」「**副菜**」「**主菜**」「**牛乳・乳製品**」「**果物**」となり、区分ごとに「１つ」の目安となる量を**SV（サービング）**という単位で数えている。

 BMI（体重[kg]÷身長[m]²）は、**エネルギーの摂取量**と**消費**との**バランスの維持**を示す指標として用いられる。性別にかかわらずその値が22のときに、死亡率や生活習慣病の有病率が最も低いことが知られる。標準体重は、（身長m)²×22で計算される。

得点アップのツボ！ 日本人の食事摂取基準は、健康増進法に基づいて改訂（５年ごと）され、2020年版は、2020年度から2024年度までの５年間使用されます。

Q013
□□□
生活習慣病の発症を予防するには、3次予防を第一に進めることが大切である。

---

❷栄養素の機能

Q014
□□□
グルコースは、動物に貯蔵されている炭水化物である。

Q015
□□□
デキストリンは、脂肪を分解したときの成分である。

Q016
□□□
ショ糖(スクロース)は、ブドウ糖が2つ結合した二糖類である。

Q017
□□□
食物繊維は消化・吸収されないため、その有用性が認められない。

Q018
□□□
脂質は、ほかの栄養素の吸収に影響を与えない。

出る!

得点アップの ツボ! 炭水化物はデキストリンと麦芽糖に分解されたあと、膵アミラーゼ、小腸のマルターゼによってブドウ糖(グルコース)になります。

疾病の予防には、1次予防（健康増進、発病予防）、2次予防（早期発見、早期治療）、3次予防（リハビリ、社会復帰）がある。生活習慣病には、生活習慣の改善を中心とした1次予防に重点を置いた対策を推進する。

炭水化物は消化酵素によって消化される糖質と、消化されない食物繊維に分かれる。糖質は、全摂取エネルギーの60%を占め、体内においてはグリコーゲンとして蓄えられる。

デキストリンはでんぷんの分解産物である。でんぷんをアミラーゼなどの消化酵素や酸、熱などで部分的に分解したもの。

ショ糖は砂糖ともよばれ、ブドウ糖と果糖（フルクトース）が結合した二糖類である。ブドウ糖が2つ結合したものは、麦芽糖である。

食物繊維は人の消化酵素では分解されないが、腸の蠕動運動を促進し、糞便の量を増加するなどの整腸作用がある。また、血中のコレステロールの上昇を抑えるなどの働きがある。

脂質は脂溶性ビタミンの吸収に関与し、脂溶性ビタミンを含む食品を炒めるなど、油を使った調理をすることで吸収率が上がる。

得点アップのツボ！ 水溶性食物繊維には、糖質の吸収を遅らせたり、血圧の上昇を抑制したりと、生活習慣病予防につながる効果が期待されています。

Q019
☐☐☐

貯蔵脂肪として蓄えられているのはコレステロールで、エネルギー源として利用される。

Q020
☐☐☐

植物油や魚油には、不飽和脂肪酸が多く含まれている。

Q021
☐☐☐

オレイン酸は、動物性脂肪や植物性脂肪に含まれる一価不飽和脂肪酸である。

Q022
☐☐☐

EPA、DHAは動脈硬化を抑制する。

Q023
☐☐☐

たんぱく質は、アミノ酸がエステル結合でできた物質である。

Q024
☐☐☐

たんぱく質の身体の構成要素としての役割は大きく、体重の約50%程度を構成している。

Q025
☐☐☐

食品中に含まれるたんぱく質の栄養価は、必須アミノ酸の総量で決まる。

得点アップのツボ！ 脂質の多い食品は、消化の始まりが遅いため、吸収にも時間がかかります。このため、一般に脂っこい料理は腹持ちがよいのです。

A019 ✕　貯蔵脂肪は**中性脂肪（トリグリセライド）**であり、**エネルギー源**として利用される。コレステロールは細胞膜や性ホルモン、副腎皮質ホルモン、脂肪の消化・吸収を助ける胆汁の材料となっている。

 A020 ○　炭素の二重結合を持つものが**不飽和脂肪酸**、二重結合を持たないものは**飽和脂肪酸**である。常温で**液状**の植物性油脂や魚油には**不飽和脂肪酸**が、常温で**固形**のバターや動物性脂肪には**飽和脂肪酸**が多く含まれている。

 A021 ○　オレイン酸は**二重結合**が1つあり、**一価不飽和脂肪酸**という。不飽和脂肪酸の中で、大豆油中のリノール酸やリノレン酸は、二重結合が2つ以上あり、**多価不飽和脂肪酸**という。

 A022 ○　エイコサペンタエン酸（EPA）は、肝臓での**脂肪酸合成**を抑制して、**血清中性脂肪**を減少させる。ドコサヘキサエン酸（DHA）は、肝臓での**コレステロール合成**を抑制し、**血清コレステロール**を減少させる。

 A023 ✕　たんぱく質は、アミノ酸のアミノ基とカルボキシ基が脱水縮合してできた**ペプチド**結合でつながっている。

 A024 ✕　身体は体重の約**15〜20%**程度がたんぱく質からできており、酵素や**ホルモン**などの成分としても存在し、身体の調整機能も担っている。

 A025 ✕　総量が多くても、必須アミノ酸の1つでも不足すると体たんぱく質の合成はそのアミノ酸に制限されるため、含まれる必須アミノ酸の**バランス**で決まる。

得点アップの ツボ！　たんぱく質の必須アミノ酸（→P.99 A026）は、「ヒロイン、鳥羽止め、フェリーで急ぐ」で覚えましょう。

Q026 人の必須アミノ酸は20種類である。

Q027 胃液には塩酸が含まれており、消化酵素は含まれない。

Q028 カルシウムの吸収率は、ほかの食品成分の影響を受けない。

Q029 カルシウムは、身体を構成するミネラルの中で最も多く含まれている。

Q030 カリウムは細胞内液に多く含まれ、細胞外液には少ない。

Q031 ヨウ素は、甲状腺に多く含まれている。

得点アップのツボ！ カリウムには尿中のナトリウム排泄を促し、血圧を低下させる作用があります。食事摂取基準には、カリウムの目標量が設定されています。

A026 ✗

人体を構成するたんぱく質を構成するアミノ酸は20種類。そのうち、**必須アミノ酸**は、**フェニルアラニン**、**ロイシン**、**バリン**、**イソロイシン**、**トレオニン(スレオニン)**、**ヒスチジン**、**トリプトファン**、**リシン(リジン)**、**メチオニン**の9種類である。

 A027 ✗

たんぱく質の消化は、胃液中の**ペプシン**、膵液中の**トリプシン**、**キモトリプシン**、腸液中の**ペプチターゼ**によって**ジペプチド**、**アミノ酸**まで分解されて毛細血管に吸収され、肝臓に運ばれる。

 A028 ✗

カルシウムは食品ごとに吸収率に差があり、牛乳**40**%、小魚**33**%、野菜**19**%程度である。牛乳に含まれる乳糖やカゼインホスホペプチドの作用により吸収率がアップする。また、ビタミンDやクエン酸が吸収を促進し、リンや食物繊維は吸収を妨げる。

 A029 ○

カルシウムはミネラルの中で最も多く体内に存在し、体重の1〜2%を占めている。体内にあるカルシウムの99%は骨や歯などのかたい組織に存在し、残り1%は血液、筋肉、神経などのやわらかい組織に存在する。

 A030 ○

カリウムは細胞内に最も多い陽イオンであり、約98%が細胞内液に含まれる。体液の浸透圧の決定や**酸塩基平衡**の調節、神経や筋肉の興奮の伝達、**糖質代謝**などの役割がある。

 A031 ○

ヨウ素は甲状腺ホルモンの成分であり、甲状腺ホルモンは**エネルギー代謝**を亢進(こうしん)する。

得点アップのツボ! ミルクアルカリ症候群は、Caの過剰摂取によって起こります。頭痛、吐き気、倦怠感、ひどくなると腎障害を引き起こします。

Q032

マグネシウムは、血液のたんぱく質であるヘモグロビンの成分である。

Q033

リンの過剰摂取は、腸管におけるカルシウムの吸収抑制を引き起こす。

Q034

亜鉛の欠乏症としては、皮膚炎、脱毛症、発育低下、味覚の低下などがある。

Q035

ビタミンAは、皮膚や粘膜を正常に保つ働きがある。不足すると疲れやすくなり、ひどくなると脚気になる。

Q036

ビタミンDは、食品中に含まれるβ-カロテンから体内で変換される。

Q037

若返りのビタミンといわれているビタミンEは、通常の食事で不足することはない。

出る!

得点アップの
ツボ!　ビタミンAは動物性食品だけに存在し、植物性食品には、β-カロテンなどのプロビタミンAが含まれ、体内でビタミンAに変換されます。

A032 ✕

ヘモグロビンの成分は<u>鉄</u>であり、主に鉄を含む<u>ヘム</u>とたんぱく質でできている<u>グロビン</u>からなる。マグネシウムは<u>骨</u>の成分として重要である。

A033 ○

過剰摂取による血液のリン濃度上昇は、血清カルシウムイオンの<u>減少</u>、<u>副甲状腺ホルモン</u>の分泌につながるため、リンとカルシウムの摂取バランスを考慮する必要がある。加工食品では、<u>食品添加物</u>としてリンの使用も多い。

A034 ○

亜鉛が欠乏すると、<u>食欲不振</u>や<u>成長障害</u>、<u>創傷治癒障害</u>などが起こる。酵素の構成成分や細胞の分化・増殖に関与している。<u>オートミール</u>、<u>牡蠣</u>、<u>チーズ</u>などに多く含まれる。

A035 ✕

<u>ビタミンA</u>は粘膜や皮膚を正常に保つ働きがあり、美容ビタミンといわれている。不足すると、<u>夜盲症</u>や<u>角膜乾燥症</u>になる。脚気は、<u>B₁不足</u>により起こる。

A036 ✕

植物性食品には<u>プロビタミンD₂</u>が、動物性食品には<u>プロビタミンD₃</u>が含まれ、体内で<u>活性型ビタミンD</u>に変わる。不足すると、くる病、骨軟化症になる。β-カロテンは体内でビタミンAに変換される。

A037 ○

<u>ビタミンE</u>は、生体膜の安定作用と酸化を防ぐ<u>抗酸化作用</u>があり、<u>若返りビタミン</u>ともいう。<u>緑黄色野菜</u>や<u>植物油脂</u>に多く、肉類、魚介類にも含まれる。ビタミンEの抗酸化作用は、<u>ビタミンC</u>によって高まるので一緒にとるとよい。

得点アップの ツボ! β-カロテンは必要な分量だけがビタミンAとなり、残りは抗酸化物質として働くため、植物性食品からの過剰摂取障害は少ないです。

第3章 栄養学
②栄養素の機能

Q038 ビタミンKが不足すると血液が固まりやすくなるが、通常の食事で不足することはない。

Q039 ビタミンB₁は、糖質の摂取量が多いと必要量が増加する。

Q040 妊婦に葉酸（ようさん）が不足すると、新生児に二分脊椎（にぶんせきつい）や無脳症などの神経管閉鎖障害が起きやすい。

出る!

Q041 胃を切除した人が悪性貧血になることがある。これはビタミンB₁₂の吸収が阻害されるためである。

Q042 ビタミンB₁の欠乏症として壊血病がある。

Q043 ビタミンCは、水溶性ビタミンである。

得点アップのツボ! ビタミンB₁₂は動物性食品には存在しますが、植物性食品にはほとんど含まれません。菜食主義の人は不足に注意する必要があります。

A038
✕

ビタミンKが不足すると血液が**固まりにくく**、出血しやすくなる。また、骨の形成を促進する作用があり、**骨粗鬆症**の予防に大切である。通常の食品に広く存在し、**納豆**や**青菜**に多く含まれる。**腸内細菌**によって合成されることもある。

A039
○

ビタミンB₁は、チアミンとも呼ばれる水溶性のビタミン。エネルギー代謝の一部で補酵素として働き、**糖質**を燃やしてエネルギーに変えるときに必要なビタミンである。

A040
○

葉酸は**ほうれん草**から発見された**ビタミン**で、血液を作る働きがあり、不足すると**悪性貧血**になる。妊婦に葉酸が不足すると、新生児に**無脳症**が発生することがわかっている。妊娠を計画している、または妊娠の可能性がある女性は、栄養補助食品などから1日**400μg**の葉酸の摂取が望まれている。

A041
○

ビタミンB₁₂は赤血球の**ヘモグロビンの合成**を助け、**悪性貧血**を予防している。胃の粘膜で生成される内因子がないとB₁₂は吸収されないので、胃を切除すると**悪性貧血**になりやすくなる。

A042
✕

ビタミンB₁の欠乏症は**脚気**。壊血病は**ビタミンC**の欠乏症状として現れる。また、ビタミンCは、鉄の吸収を高め、体内でのコラーゲンの合成にも必要である。

A043
○

水溶性ビタミンは、**ビタミンB群**と**ビタミンC**に分けられる。B群は**酵素**の補酵素として作用し、Cは還元力が強く、**酸化還元反応**に関与している。脂溶性ビタミンには、ビタミン**A**、**D**、**E**、**K**がある。

得点アップの ツボ! ビタミンCは、β-カロテンやビタミンEとともに体内で活性酸素を除去する働きがあり、老化防止、発がん物質などの生成を抑えます。

103

(3)栄養生理

Q044
□□□
摂食中枢が刺激を受けると、食欲がなくなる。

Q045
□□□
ほとんどの栄養素は、大腸から吸収される。

Q046
□□□
でんぷんは、二糖類に分解されて吸収される。

Q047
□□□
胃液に含まれるペプシンは、脂肪を脂肪酸とグリセリンに分解する。

Q048
□□□
出る!
消化酵素唾液アミラーゼは、でんぷんをデキストリンと麦芽糖（ばくがとう）に分解する。

Q049
□□□
ヘム鉄は植物性食品に多く含まれている。

Q050
胆汁は、たんぱく質の消化・吸収に関与している。

得点アップのツボ! 小腸上皮細胞から吸収された単糖類は、門脈を経て肝臓に運ばれ、血糖としてグルコースに変換され、全身に供給されます。

A044 ✕　胃が空になると**摂食中枢**が刺激を受けて食欲が亢進する。逆に胃が食べ物で満たされると**満腹中枢**が刺激を受けて、摂食を抑制する。

A045 ✕　大腸では主に**水分吸収**が行われ、残りの食物のカスは糞便として体外へ排泄される。胃や十二指腸で消化された食物をさらに分解し、栄養素を吸収する働きをしているのは、**小腸、（空腸・回腸）**である。

A046 ✕　でんぷんは唾液や膵液中の**アミラーゼ**や、小腸にある消化酵素などの働きにより、最終的に単糖である**ブドウ**糖に分解され、吸収される。

A047 ✕　たんぱく質は、アミノ酸が数百個から数千個まで、鎖のようにつながった構造をしている。ペプシンは、その鎖のところどころを切断して短い鎖にする**消化酵素**である。

A048 ◯　唾液に含まれるアミラーゼは、**でんぷんを麦芽糖とデキストリン**に分解する。アミラーゼは**でんぷん**を分解する酵素で、**唾液腺と膵臓**で作られ、それぞれ唾液と膵液として分泌される。

A049 ✕　ヘム鉄は**鉄（Fe）とポルフィリン環**により形成され、肉や魚などの動物性食品に多く含まれる。植物性食品に含まれる**非ヘム鉄**に比べ、吸収率が**高い**。

A050 ✕　胆汁には**胆汁酸**が含まれ食物中の脂肪を**乳化**して、**リパーゼ**と反応しやすくすることで**脂肪**の消化吸収に重要な役割を果たすが、**消化酵素**は含まれない。

得点アップのツボ！　胃では、胃液に含まれるペプシンでたんぱく質の消化が行われますが、栄養素の吸収は行われません。

胃液に含まれるのは塩酸であり、消化酵素は含まれていない。

ショ糖は、膵リパーゼによって分解される。

Q053

ブドウ糖、アミノ酸、無機質、水溶性ビタミン、短鎖脂肪酸は、門脈を通って肝臓に運ばれる。

Q054

膵臓から分泌されるグルカゴンは、血糖値を低下させる。

Q055

肝臓は、有害な物質を酵素で無毒化する解毒作用がある。

Q056

LDLは、善玉コレステロールといわれ、末梢のコレステロールを肝臓に戻す役割をしている。

出る!

Q057

コレステロールは、体内で合成されない。

得点アップの ツボ!　水溶性栄養成分の吸収経路は、小腸絨毛の毛細血管→門脈→肝臓→肝静脈→心臓→全身です。

A051 ✕

食物を見たりにおいをかいだりすると、反射的に**胃腺**から胃液が分泌される。**消化酵素**である**ペプシン**と塩酸が含まれ、**強酸性**(pH1.0～2.0)を示す。ペプシンによって、たんぱく質は**ペプトン**、**プロテオース**に分解される。

A052 ✕

膵リパーゼは、膵臓から分泌される膵液に含まれる**消化酵素**の1つで、十二指腸に分泌されて**食物中の脂肪を分解する**働きをする。ショ糖(スクロース)は、小腸粘膜酵素である**スクラーゼ**によって**グルコース**と**フルクトース**に分解される。

A053 ○

ブドウ糖など**水溶性栄養成分**の吸収経路は、小腸の絨毛の毛細血管から**門脈**を通って、**肝臓**、**心臓**を経て全身に回る。

A054 ✕

膵臓から分泌される主なホルモンは、血糖値低下作用のある**インスリン**、血糖値上昇作用のある**グルカゴン**、インスリンやグルカゴンの分泌抑制作用のある**ソマトスタチン**がある。

A055 ○

肝臓には、**酵素**により**有害な物質を解毒**する働きがある。その他の働きには、**胆汁の生成**、アンモニアを毒性の少ない**尿素・尿酸**に作り替える、**老廃物の処理**、**代謝の調節**、ブドウ糖を**グリコーゲン**として蓄える、などがある。

A056 ✕

LDLは**悪玉コレステロール**といわれ、体内にコレステロールを運ぶ働きがある。LDLが過剰になると**動脈硬化**を引き起こす。**HDL**を善玉コレステロールといい、末梢組織中の余分なコレステロールを肝臓に戻す働きがある。

A057 ✕

体内の**コレステロール**の約70～80%は体内で合成される。**胆汁酸**の原料や、**細胞膜**や**生体膜**の構成成分として重要な働きがある。

得点アップの ツボ! 脂溶性栄養成分の吸収経路は、小腸絨毛の乳び管(毛細リンパ管)→胸管→鎖骨大静脈に合流→心臓→全身です。

❹ライフステージと栄養

Q058 妊娠期には胎児の神経管閉鎖障害の発症リスク低減のために、鉄の摂取が推奨されている。

Q059 妊娠期には、エネルギーは付加する必要がない。

Q060 母乳栄養児は、人工栄養児に比べて罹患率が低い。

Q061 離乳は生後5～6ヵ月ごろから始める。

出る!

Q062 混合栄養とは、母乳の不足や母乳を与えられないときに人工栄養で補うことである。

Q063 幼児は、3度の食事で必要なエネルギーと栄養素を満たすことができるので、間食は必要ない。

Q064 学童期は、一生涯で最も成長・発達の度合いが大きい時期である。

得点アップのツボ! 食事摂取基準では妊娠期は、初期（～13週6日）、中期（14週0日～27週6日）、後期（28週0日～）の3つに区分されています。

A058 ✕

葉酸の摂取が推奨されている。サプリメントまたは強化食品など、通常の食品以外の食品に含まれる葉酸を**400μg/日**摂取することが望まれている。

 A059 ✕

母体の健康維持と胎児の発育には、非妊娠時より多くの栄養が必要となる。この量を**付加量**といい、妊娠初期**＋50kcal**、**中期＋250kcal**、**後期＋450kcal**となっている。

 A060 ○

母乳には各種**免疫グロブリン**が含まれるため、母乳栄養児は疾患の罹患率が低い。また、抗原性がなく、**食物アレルギー**を起こさない。乳児の消化作用や発育に最適である。

 A061 ○

離乳の開始とは、初めてドロドロした食物を与えたときで、**乳汁栄養から幼児食**に移行する時期である。果汁やスープ、おもゆなど単に液状のものを与えても、離乳の開始とはいわない。

 A062 ○

人工栄養とは、母乳以外の**育児用調製乳**だけで授乳を行うことをいう。**母乳栄養**とは、人乳だけで授乳する場合をいう。なお、分娩後数日間の母乳を**初乳**といい、**免疫グロブリン**を多く含む。

 A063 ✕

幼児期における体重1kgあたりの推定エネルギー必要量は、18～29歳の**2倍**と、乳児に次いで大きい。**乳幼児期**は1日3回の食事で補うことは困難となり、**間食**でエネルギーを補う必要がある。**間食**は、乳幼児にとって楽しみでもある。

 A064 ✕

一生涯で最も成長と発達の度合いが大きいのは、**乳・幼児期**であり、生まれたての身長50cm程度から、4歳にはその2倍の100cm程度に伸びる。

得点アップの ツボ！ 基礎代謝量は、体重あたりでは1～2歳児のときが最大となり、以後、年齢が進むにつれて低下します。

Q065
フレイルとは、高齢者にみられる認知症のことである。

Q066
高齢者は口渇感を感じやすくなり、脱水を起こしにくい。

⑤病態と栄養

Q067
肥満は、メタボリックシンドロームの診断基準に用いられる。

Q068
血液中の血清アルブミン値は、脂質異常症を判定する指標となる。

Q069
脂質異常症では、動物性脂質は少なめに、魚油や植物性油脂を多めに摂取する。

Q070
胃潰瘍の食事では、食物繊維の多い食事を摂取する。

Q071
成人の肥満は、脂肪細胞の数の増加が原因である。

得点アップのツボ！ 超高齢社会の栄養問題として、「低栄養」「栄養欠乏」の重要性が高まっています。また、老化に伴う筋肉量の減少をサルコペニアといいます。

フレイルは、高齢者においてよく認められる**老年症候群**である。環境因子に対する脆弱性が高まった状態として認識され、加齢に伴うさまざまな機能変化や、予備能力低下によって健康障害に対する脆弱性が増加した状態をいう。

高齢者は体内の水分量の比率が減少し、約**50%**となる。水分量が少なくなるため、脱水症になりやすい。また、加齢とともに喉の渇きを感じる**口渇中枢**の働きが減退し、喉の渇きを感じにくくなる。

メタボリックシンドロームの診断基準は、**内臓脂肪**の蓄積（ウエスト周囲径が男性は**85cm以上**、女性90cm以上）、かつ血圧、血糖、血清脂質のうち2つ以上が基準値から外れている状態である。

アルブミンは血液中のたんぱく質で、**栄養状態の指標**となる。**脂質異常症**は、**血中コレステロール値**や**中性脂肪**（**トリグリセリド**）などが指標となる。

脂質異常症では**エネルギー**の過剰摂取を避け、**適正体重**を保つことが重要。また、摂取する**油脂**の質にも注意し、動物性脂肪に含まれる**飽和脂肪酸**を減らすことが必要。

胃潰瘍では、胃の負担を少なくするため**消化**のよい食品を選び、**香辛料**を控えて刺激を少なくし、**やわらかく**調理するように心がける。

肥満は、脂肪組織に**中性脂肪**が異常に**増加**した状態のことである。成人の肥満は、脂肪細胞の大きさが増大した状態。また、**妊娠最後の3ヵ月**、**生後1ヵ月**、**思春期**の肥満は、細胞数が増加したもので、一度増加した細胞数は減少しない。

得点アップの ツボ！ 肥満による合併症には高血圧、糖尿病、動脈硬化、脂質異常症、心疾患、脂肪肝、脳血管障害、呼吸器疾患、胆石症などがあります。

Q072
高血圧症の減塩目標量は、6g/日未満となっている。

Q073
肥満の判定に用いるBMI(体格指数)は、身長と体重を用いて求める。

Q074
腎臓病の食事療法では、塩分の摂取を控え、たんぱく質を十分に摂取する必要がある。

Q075
動脈硬化症の発症は、生活習慣とのかかわりが大きい。

Q076
B型肝炎は、流行性肝炎とも呼ばれている。

Q077
骨粗鬆症は、圧倒的に男性に発症することが多い。

Q078
慢性腎不全では、脂質をコントロールした食事が必要である。

得点アップの
ツボ!　糖尿病の3大合併症は腎症、網膜症、神経障害。治療は、糖尿病食品交換表を参考に摂取エネルギーを適正に保つことが第一です。

A072
○

通常の食事による主なナトリウムの摂取源は、食塩と食塩を含む調味料である。食塩相当量(g)＝ナトリウム(g)×**2.54**の式で算出される。

A073
○

BMI(体格指数)は、体重(kg)÷身長(m)÷身長(m)の式で求められ、18.5～24.9を**普通体重**、18.5未満を**低体重(やせ)**と判定する。

A074
✕

腎臓病の食事療法では、塩分の摂取を控え、たんぱく質は**腎臓の機能にあわせて**摂取することが必要である。過剰な摂取は腎臓に負担をかける。病態に応じて、水分、カリウムなどの調整が必要。

A075
○

動脈硬化は遺伝や**加齢**のほか、喫煙、**ストレス**、**運動不足**などの生活習慣の乱れから発症する。さらに**高血圧**、脂質代謝異常症、肥満症、**糖尿病**などの要因が加わり、発症・促進する。

A076
✕

流行性肝炎は**A型肝炎ウイルス**によるA型肝炎で、**飲料水**や**生食**(代表的なものは"**生牡蠣**")などから感染し、ときに**集団発生**する。B型肝炎は、B型肝炎ウイルスが**体液**、**血液**を介して感染して起きる。出生時の母子感染、性感染などがある。

A077
✕

日本人の骨粗鬆症は、加齢によって引き起こされるタイプで「**原発性骨粗鬆症**」といい、閉経による女性ホルモンの分泌低下が骨密度を低下させるため、特に女性に多い。

A078
✕

慢性腎不全では、血圧および体液量管理のため、**塩分**の調整と腎臓機能に合わせたたんぱく質やカリウム、水分の調整、適正なエネルギー摂取などが必要となる。

得点アップの
ツボ! ウイルス性肝炎には、A型、B型、C型などがあります。肝硬変や肝臓がんといった重い肝臓病への移行率が高いのは、B型とC型です。

Q079 食物アレルギーの有病率は、乳児期より学童期のほうが高い。

Q080 糖尿病の治療の基本は、運動療法と薬物療法である。

Q081 インスリンは肝臓で作られるホルモンで、糖尿病の発症に関係している。

出る！

Q082 1型糖尿病は遺伝的要因に、過食や運動不足からくる肥満、ストレスなどの環境因子が加わって発症する。

Q083 痛風は、高尿酸血症によって引き起こされる。

Q084 貧血は、赤血球のヘモグロビンの濃度の減少や赤血球の数が減った状態をいう。

Q085 アナフィラキシーとは、アレルギー症状が緩和されるときに現れる状態である。

得点アップのツボ！ 食物アレルギーに対しては、アレルゲンとなる食品の除去を原則とします。

A079 ✕ 食物アレルギーは、消化器の粘膜が未発達の<u>乳幼児期</u>に発生しやすく、じんま疹や湿疹などが発症する。食物を摂取した際に、ある特定の食品中のたんぱく質を異物として認識して抗原とみなすと、体内で抗体が産生され、過剰な免疫反応によるアレルギー反応が起きてしまうため。

A080 ✕ 糖尿病の治療には<u>食事</u>療法、<u>運動</u>療法、<u>薬物</u>療法などがある。基本は<u>食事</u>療法で、<u>エネルギー</u>を調整し、<u>インスリン</u>の負担を小さくする。血糖値を改善し、<u>合併症</u>の発症を予防する。

A081 ✕ インスリンは、<u>すい臓</u>に存在するランゲルハンス島のβ細胞から分泌されるホルモンである。血糖を低下させる作用を持つ。

A082 ✕ 1型糖尿病は、<u>ウイルス感染</u>や<u>自己免疫異常</u>によりインスリンの分泌がなくなって発症する。<u>小児期</u>に発症することが多い。また、2型糖尿病は、遺伝的要因に<u>環境因子</u>が加わって発症する。

A083 ◯ <u>高尿酸血症</u>（<u>7.0</u>mg/dL）の状態が長く続くと、血液に溶けきらなかった<u>尿酸</u>は結晶になって<u>関節</u>に沈着し、<u>急性関節炎</u>（<u>痛風</u>）を引き起こす。

A084 ◯ 貧血は、赤血球の<u>ヘモグロビン</u>の濃度や<u>赤血球</u>の数が減少した状態をいう。<u>鉄欠乏性貧血</u>は、ヘモグロビンの材料である<u>鉄分</u>の不足により起こる。症状は<u>顔色が悪い</u>、<u>めまい</u>、<u>頭痛</u>、<u>息切れ</u>、<u>立ちくらみ</u>などがある。

A085 ✕ アナフィラキシーとは、アレルギー反応でも<u>重篤</u>な状態を指す。アレルゲンなどの侵入により、複数の臓器に、<u>全身性</u>のアレルギー症状が現れて、生命に危機を与え得る過敏反応をいう。

得点アップのツボ！ 1型糖尿病の治療の第1選択は、インスリン注射です。2型糖尿病では、食事療法、薬物療法、運動療法が併用されます。

試験勉強のポイント！

- ●食は安全・安心であることが大前提であり、食品衛生学では「食による健康危害の予防」を学ぶ
- ●食品衛生とは何か、食品と微生物との関係、食中毒、食品から感染する寄生虫、食品添加物、器具・容器包装の衛生、食品衛生対策（HACCP、殺菌法など）について

1 食品衛生学概論

①WHOの食品衛生の定義 （CHECK! □□□）

WHO（世界保健機関）では、食品衛生を「食品の生育・生産・製造から消費されるまでのあらゆる段階において、食品の安全性・有益性・健全性を保持するために必要なすべての手段」と定義している。

②食品衛生法による「食品」の定義 （CHECK! □□□）

食品衛生法でいう食品とは、「医薬品・医薬部外品を除くすべての飲食物」である。なお、食品添加物、機械、器具・容器包装、乳児用おもちゃ、洗剤なども、食品と同様に食品衛生法の規制の対象となる。

③食品衛生法による食品衛生の目的 （CHECK! □□□）

食品衛生法における食品衛生の目的は、「食品の安全性を確保するため公衆衛生の見地から必要な規制などをすることにより、飲食に起因する衛生上の危害の発生を防止し、国民の健康の保護を図ること」である。

④調理従事者の責務 （CHECK! □□□）

食品衛生法、食品安全基本法において、食の安全性の確保について、食品事業者や調理従事者の責務が規定されている。

WHOの定義
誰でもゾウさんと行くでしょ、鮎を献上に。
製造、生産、生育、消費、安全性、有益性、健全性

2 食品衛生法

①目的 （CHECK! □□□）

食品の安全性を確保し、飲食に起因する衛生上の危害発生の防止、国民の健康保護を図ることが目的。

②関係者の責務 （CHECK! □□□）

法の目的を遂行するため、食品衛生にかかわる業務に就くさまざまな者に責務が定められている。

覚える！ 関係者の責務　関連用語

国・都道府県	正しい知識の普及、情報の収集、研究と人材養成・資質の向上、各組織間の相互協力を図る。
食品等事業者	食品等事業者とは、食品や器具・容器包装の製造販売者、病院やその他施設での食品提供者のこと。
	通常時の措置→自主責任管理・検査、知識・技術の習得、原材料の安全性の確保、記録の作成・保存。
	危害発生時の措置→記録の提供、原因食品などの廃棄処分を的確・迅速に行う。

③各種定義 （CHECK! □□□）

食品衛生法では、さまざまな定義が示されている。なかでも、以下の4つの定義については確実に覚えておこう。

覚える！ 各種定義　関連用語

食品	医薬品・医薬部外品を除くすべての飲食物。
添加物	食品の製造過程または加工・保存の目的で食品に添加、混和、浸潤して使うもの。
容器包装	食品・添加物を入れたり包んだりするもので、そのままで引き渡すもの。
営業	業として食品・添加物を採取、製造、輸入、加工、調理、貯蔵、運搬、販売すること。
	業として器具・容器包装を製造、輸入、販売すること。

 コロで覚える！ 食品添加物
点火もさせてくれない、過保護な点がこんなにしんどいなんて。
加工・保存、添加、混和、浸潤

④清潔・衛生の原則と販売禁止　（CHECK! □□□）

食品及び添加物に関する<u>清潔・衛生</u>は、最も基本的な事柄である。この原則とともに、販売禁止になる場合について覚えよう。

覚える! 清潔・衛生の原則と販売禁止　関連用語

<u>清潔・衛生取り扱いの原則</u>	採取、製造、加工、使用、調理、貯蔵、運搬、陳列、授受は清潔で<u>衛生</u>的であること。
<u>販売禁止</u>	<u>有害物質</u>を含む食品、<u>新開発食品</u>、<u>販売禁止</u>である特定輸入食品、病肉など。

⑤食品添加物　（CHECK! □□□）

食品添加物は、食品に<u>添加</u>、<u>混和</u>、<u>浸潤</u>して使うものであり、<u>指定（認定）</u>、<u>基準</u>、<u>表示</u>にいたるまで厳格に決められている。以下の3つは、その基本的な事項なので覚えておきたい。

覚える! 食品添加物の規制　関連用語

<u>指定制</u> **出る!**	食品衛生法では、「<u>厚生労働大臣</u>が使用してよい添加物だけを指定」する<u>ポジティブリスト</u>方式を採用している。※「禁止するものだけを一覧表とする」方式は<u>ネガティブリスト</u>方式。	**ポジティブ方式とネガティブ方式** **ポジティブリスト方式**：「使用できるものだけを指定」
	<u>食品安全委員会</u>（内閣府）による<u>安全性</u>の評価。	
	<u>未指定添加物</u>は製造、輸入、加工、使用、調理、保存、販売できない。	
<u>食品添加物公定書</u>	<u>厚生労働大臣</u>及び<u>内閣総理大臣</u>が作成する。	**ネガティブリスト方式**：「禁止するものだけを指定」
	食品添加物の<u>製造基準</u>、<u>成分規格</u>、<u>保存・検査・表示基準</u>が記載される。	
<u>表示</u> **出る!**	添加物は<u>すべて</u>表示する。	
	表示には<u>免除規定</u>がある（141ページ参照）。	

118

ゴロで覚える! 清潔衛生の取り扱い原則
<u>精鋭</u>が <u>妻子せかし</u>、<u>町長</u>と <u>鎮守の森</u>へ。
清潔衛生、採取・製造・加工・使用・調理・貯蔵・運搬・陳列・授受

⑥食品の規格・基準　(CHECK! □□□)

　厚生労働大臣は食品・添加物についての規格・基準を定めることができるとされている。これに基づいて、食品は、その規格・基準が決められている。

覚える！ 食品の規格・基準　関連用語

食品一般	冷凍食品、清涼飲料水、魚肉製品など20品目以上の食品について、成分規格、製造・加工・保存基準を個々に設定している。
	農薬は原則使用禁止。ただし、使用できるものだけをリスト化するポジティブリスト方式が採用され、残留してもよい農薬と量が定められている。
乳・乳製品	食品一般とは別に、乳等省令が規定されている。

⑦HACCPに沿った食品衛生管理制度の導入　(CHECK! □□□)

　2021（令和3）年6月1日より、総合衛生管理製造過程がなくなり、HACCPに移行することとなった。製造・加工・調理・販売等を行うすべての食品事業者を対象として、一般衛生管理とHACCPに沿った衛生管理制度を導入することが定められた。食品衛生管理の国際標準化に対応することを目標としている。

HACCP （ハサップ）	原材料入荷から製品出荷までの全工程で、製品の安全性を確保するための食品衛生管理の手法

⑧食品衛生法での食品表示　(CHECK! □□□)

　食品表示に関しては、食品表示法で定めるところによる。食品の表示については、JAS法、食品衛生法、健康増進法などで定められていた食品表示に関する規定を統合した、食品表示法が2015（平成27）年に施行された。加工食品と添加物の表示は5年間の猶予期間が設けられていたが、その経過措置は終了し、実際に罰則などが適用されるようになった。所管は内閣府の消費者庁。

ゴロで覚える！　食品の規格・基準
妻の聖域に生家候補、ノーザン村のポリス。
20品目以上、成分、製造・加工・保存、農薬残留、ポジティブリスト

覚える! 食品表示　関連用語

規定	内閣総理大臣は、消費者委員会の意見を聴き、食品・食品添加物・器具・容器包装に関する表示基準を定めることができる。
管轄	これまで厚生労働省が管轄だったが、2009（平成21）年9月の消費者庁発足に伴い、食品添加物も含め、表示は消費者庁が管轄することとなった。
表示	包装を開封せずに見ることができるように記載しなければならない。
表示 出る！	表示項目⇒①名称、原材料名、賞味期限または消費期限、製造所所在地、製造者名、販売者、輸入者、連絡先、②保存方法、③食品添加物（免除規定もある）、④アレルゲン：a.表示義務→特定原材料8品目（エビ、カニ、小麦、そば、卵、乳、落花生、くるみ）　b.表示推奨→20品目、⑤遺伝子組み換えまたは遺伝子組み換え食品不分別の有無

⑨虚偽・誇大表示・広告の禁止　CHECK!□□□

食品衛生法のほか、健康増進法にも禁止規定がある。

⑩営業についての規制　CHECK!□□□

営業を行う者は、保健所に届出、経由して都道府県知事から営業許可を受ける必要がある。改正食品衛生法（2021年6月に施行）では、営業許可業種の見直し、営業届出制度の創設、全ての事業者にHACCPに沿った衛生管理の実施が制度化された。

覚える! 営業許可の規制　関連用語

営業許可業種の見直し	34業種が32業種に変更へ 一部は届出業種に移行し、新たな許可業種が追加
営業届出制度の創設	5業種（野菜や果実の販売など）を除き、32業種以外の業種が営業を行う場合は、保健所への届出義務
HACCPに沿った衛生管理の実施の制度化	営業許可・届出の対象業者は、HACCPに沿った衛生管理実施のために、すべての施設に食品衛生責任者が必置義務となる

ゴロで
覚える！　アレルゲンの表示義務
虚無僧が漁船に乱入し、エビとカニが落下。
小麦・そば・卵・乳・エビ・カニ・落花生

⑪検査・監視指導　(CHECK! ☐☐☐)

<u>都道府県知事</u>は、基準外の食品、食品添加物、器具・容器包装を発見した場合、都道府県知事や登録検査機関の行う検査を受けることを命じることができる。これらの検査を<u>食品衛生監視員</u>に命じることができるとされている。また、<u>食中毒</u>対策として、<u>医師</u>の届出義務などについて定めている。

- ●健康を損なうおそれのある食品の<u>検査</u>、<u>回収</u>、<u>禁止</u>対策
- ●<u>輸入食品</u>対策
- ●<u>食中毒</u>対策(医師の<u>届出義務</u>)、(原因究明)(予防対策)

⑫リスクコミュニケーション　(CHECK! ☐☐☐)

リスクコミュニケーションとは、消費者も含めた関係者の間で<u>情報交換</u>、<u>意見聴取</u>をすること。情報を共有することでリスクを確実に防ぐことができる。食品衛生法では、①規格基準など<u>改正</u>の場合の国民への意見聴取、②国民への<u>定期的</u>な意見聴取を示している。

⑬罰則　(CHECK! ☐☐☐)

法に違反した場合、4段階の罰則が定められている。

覚える! 罰則　関連用語

<u>有害食品の販売</u>、<u>指定外添加物</u>の使用、廃棄命令違反、営業禁止命令違反	<u>3年</u>以下の懲役または<u>300万円</u>以下の罰金、法人<u>1</u>億円以下の罰金。
<u>規格基準</u>、<u>表示基準違反食品</u>の販売	<u>2年</u>以下の懲役または<u>200万円</u>以下の罰金、法人<u>1</u>億円以下の罰金。
<u>施設基準違反</u>、<u>施設改善命令違</u>反、医師の<u>食中毒届出義務違反</u>	<u>1年</u>以下の懲役または<u>100万円</u>以下の罰金。
<u>立ち入り検査拒否</u>、<u>虚偽報告</u>	<u>50万円</u>以下の罰金。

⑭食品衛生に携わる関係者　(CHECK! ☐☐☐)

食品衛生管理に携わる資格には以下のようなものがある。

食品衛生関係者
完全に勘で私道づくりを推し進める責任者。
　　管理者、監視員、指導員、推進員、責任者

<table>
<tr><td>食品衛生責任者</td><td>飲食店などの営業許可・届出施設に必置。調理師、栄養士、講習会修了者など。</td></tr>
<tr><td>食品衛生管理者</td><td>乳製品などの製造・加工の営業許可施設に必置。</td></tr>
<tr><td>食品衛生監視員</td><td>厚生労働大臣または都道府県知事が任命、食品衛生監視指導を行う。</td></tr>
<tr><td>食品衛生推進員</td><td>都道府県が委嘱、食品事業者の相談に助言する。</td></tr>
<tr><td>食品衛生指導員</td><td>日本食品衛生協会が認定、飲食店などの衛生管理を指導する。</td></tr>
</table>

3 食品安全基本法

①法創設の経緯　(CHECK! □□□)

食品安全基本法が作られた背景をつかんでおこう。

覚える！ 法創設の経緯　関連用語

食品危害の多様化、複雑化	日本の食料自給率の低下→顔の見えない生産者からの輸入、フードマイレージが高い。
	利便性の追求→新添加物、新開発農薬、コスト重視の食料生産・加工など。
	新たな危害の発生→O157、偽装表示、指定外の添加物・農薬の使用など。
	食品危害のグローバル化→BSE、輸入野菜の残留農薬、有害冷凍食品など。
食品危害の考え方の変化　**出る！**	食品の安全は絶対的なものではない。危険性（リスク）は必ず存在することを前提に、リスクをなるべくゼロにするというリスク制御・管理により、食の安全は確保できる。

ゴロで覚える！　食品危害の考え
気概のあるリスクの正義感で食の安全が守られる。
リスク、制御、管理、食の安全

欧州各国による食の安全対策機関の新設	フランス、イギリス、ドイツ、EUにおいて、1999〜2002年に食の安全対策機関を新設。
日本の食の安全対策	消費者保護対策を行う。
	食の安全について関係省庁の改編を実施する。
	内閣府に食品安全委員会を設置し、食品安全基本法を制定。

②目的　(CHECK! □□□)

　食品の安全性の確保に関し、基本理念を定め、国・地方公共団体、食品関連事業者の責務と消費者の役割を明らかにするとともに、施策にかかわる基本的な方針を定めることにより、食品の安全性の確保に関する施策を総合的に推進することが目的である。

③基本理念　(CHECK! □□□)

　食品安全基本法の基本理念は、以下のように示されている。

覚える！ 基本理念　関連用語

国民の健康保護	食品の安全性の確保は、国民の健康保護が最も重要であるという基本的認識のもとに行われなければならない。
食品供給工程における適切な措置	生産から販売までの全工程（食品供給工程）におけるあらゆる要素が食品の安全性に影響を及ぼす。食品の安全性の確保は、食品供給工程の各段階において適切に行われなければならない。
国民の健康への悪影響の未然防止	国際的動向や国民の意見に配慮しつつ、科学的知見に基づく対策により、国民の健康への悪影響が未然に防止されるようにしなければならない。

ゴロで覚える！　消費者の役割
職安で地理確認しても行けん。
食の安全性、知識、理解、意見表明

④責務と役割　（CHECK! □□□）

法では、食品の安全性に対する施策の推進にあたり、国、地方公共団体、食品関連事業者には<u>責務</u>が、消費者には<u>役割</u>が示されている。

覚える! 責務と役割　関連用語

国	食の安全性の確保について、施策を<u>策定・実施</u>する。
地方公共団体	国との<u>役割分担</u>を踏まえ、区域の<u>自然・経済・社会</u>的諸条件に応じた施策を策定・実施する。
食品関連事業者	食品を扱う<u>すべての</u>事業者は、自らが食品の安全性に関して、第一義的責任を有していることを認識する。
	<u>食品供給工程</u>全体を見通し、適切な措置をとる。
	国や地方公共団体の施策に協力する。
消費者	食の安全性の確保への知識と理解を深める。
	国や地方公共団体の施策について、意見を表明(<u>リスクコミュニケーション</u>)するように努める。

⑤基本方針による施策　（CHECK! □□□）

食品の安全性に対する施策は、いくつかの基本方針に<u>則</u>って決められる。ここに取り上げた3つの基本事項は確実に覚えておこう。

<u>リスク評価</u>
（食品健康影響評価の実施）

- 人の健康に及ぼす影響についての<u>リスク評価</u>を、施策ごとに行う。
- 評価機関は内閣府の<u>食品安全委員会</u>。

<u>リスク管理</u>
（影響評価の結果による施策の策定）

- 人の健康への悪影響を防止・抑制するため、リスク評価の結果に基づいた<u>リスク管理</u>を行う。
- 管理機関は<u>農水省</u>、<u>厚労省</u>。

<u>リスクコミュニケーション</u>
（食品危害情報交換の促進）

- 施策策定に国民の意見を反映し、公正性及び透明性を確保するため、情報・意見交換(<u>リスクコミュニケーション</u>)の促進を図る。

 ゴロで覚える! 食品安全委員会の組織
職安の7人は、内装任務で3年働く。
食品安全委員会、7人、内閣総理大臣、任期3年

124

⑥緊急事態への対処　CHECK! □□□

人の健康にかかわる重大な被害を防止するため、緊急事態への<u>対処</u>、<u>発生防止体制</u>の整備、その他必要な措置を講ずることが定められている。

⑦食品安全委員会　CHECK! □□□

リスク評価機関として、<u>食品安全基本法</u>に基づき<u>内閣府</u>に設けられた組織。

覚える!　食品安全委員会　関連用語

<u>位置づけ</u>と役割	規制や指導などの<u>リスク管理</u>を行う関係行政機関から<u>独立</u>して、科学的知見に基づき、客観的かつ<u>中立公正</u>に<u>リスク評価</u>を行う。
	<u>食品安全モニター</u>（国民から募集）からの意見聴取を行う。
<u>組織</u>	委員は<u>7名</u>（<u>内閣総理大臣</u>が有識者から任命、任期は<u>3</u>年）、事務局と<u>16</u>の専門調査会がある。

4　食育基本法

①食育の位置付け（前文）　CHECK! □□□

食育基本法は、21世紀における日本の発展のため、<u>子どもたち</u>が健全な心と身体を培い、またすべての国民が<u>心身の健康</u>を確保し、<u>生涯</u>にわたり生き生きと暮らすことができるよう、作られた法である。

覚える!　食育の位置付け　関連用語

<u>教育の一環</u>	食生活は、特に子どもへの影響が大きい。<u>教育</u>の一環として、<u>食育</u>が必要である。
	子どもが豊かな<u>人間性</u>をはぐくみ、<u>生きる力</u>を身に付けるために何よりも「食」が重要である。
<u>食の知識と選択力</u>（食選力）の習得	食の知識と食を<u>選択</u>し得る力を習得し、健全な食生活を実践できる人間を育てる。

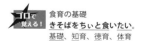

ゴロで覚える!　食育の基礎
きそばをちぃと食いたい。
基礎、知育、徳育、体育

| 知育、徳育及び
体育の基礎 | 食育は、生きるうえでの基本であって、知育、徳育、体育の基礎となるべきものである。 |
| | 子どもへの食育は、心身の成長と人格の形成に大きな影響を及ぼし、生涯にわたり健全な心と身体を培い豊かな人間性をはぐくんでいく基礎となる。 |

②基本理念 (CHECK! □□□)

前文を引き継いで、さまざまな視点から基本理念を示している。

● 国民の心身の健康の増進と豊かな人間形成を目指す。
● 食に関する感謝の念や理解を深める。
● 子どもの食育における保護者や教育関係者の意識向上を図る。
● 食に関する体験活動を行い、食育推進活動を実践する。
● 伝統的な食文化の継承や環境と調和した生産などに配意し、農山漁村の活性化と食料自給率の向上に貢献する。
● 食品の安全性などの食情報を提供し、行政、関係団体、消費者などの意見交換が積極的に行われるようにする。

③責務 (CHECK! □□□)

国、地方公共団体、教育関係者、農林漁業者、食品関連事業者、国民に対して、それぞれの責務が定められている。

覚える！ 関係者の責務　関連用語

国	食育の推進に関する施策を総合的かつ計画的に策定・実施する。農林水産省が所管する。
地方公共団体	国との連携を図りつつ、区域の特性を生かした自主的な施策を策定・実施する。
教育関係者等、 農林漁業者等	教育関係者等は積極的に食育を推進するよう努める。
	農林漁業者等は、さまざまな体験の機会を積極的に提供し、自然の恵みと食にかかわる人々の活動の重要性について、国民の理解が深まるよう努める。

ゴロで覚える！ 食育推進運動
毎年ローンを組んで月に行く。
毎年、6月、毎月、19日

食品関連事業者等	事業活動に関し、<u>自主的</u>かつ積極的に食育の推進に自ら努める。
国民	家庭、学校、保育所、地域、その他の社会のあらゆる分野において、生涯にわたり<u>健全な食生活</u>の実現に自ら努める。

④基本的施策　(CHECK! □□□)

　基本的施策は、それぞれの立場、環境における取り組みについて示している。

●<u>家庭</u>における食育の推進。
●<u>学校・保育所</u>などにおける食育の推進。
●<u>地域</u>における食生活の改善のための取り組みの推進。
●食育推進運動の展開：<u>食育月間</u>（毎年<u>6</u>月）や<u>食育の日</u>（毎月<u>19</u>日）の設定。
●生産者と消費者の<u>交流促進</u>、環境と調和の取れた<u>農林漁業</u>の活性化。
●食文化<u>継承</u>のための活動への支援。
●食品の安全性、栄養、食生活の調査、研究、情報の提供、<u>国際交流</u>の推進。

⑤食育推進会議・基本計画　(CHECK! □□□)

食育推進会議	○食育推進基本計画を作成し、施策を実施するために<u>農林水産省</u>に食育推進会議を置く。 ○会議は、<u>農林水産大臣</u>を会長に、関係大臣、有識者をあわせて<u>25</u>名以内からなる委員によって構成。 ○会議では、食育推進の施策についての基本方針などを定めた食育推進基本計画を審議・作成。

2021年3月に決定された第4次食育推進基本計画（2021年度から5年間）では、食育の目標として3つの重点課題（①生涯を通じた心身の健康を支える食育の推進、②持続可能な食を支える食育の推進、③「新たな日常」やデジタル化に対応した食育の推進）が定められた。

⑥食育白書　(CHECK! □□□)

　政府は<u>毎年</u>、食育の推進について実施した施策を白書にして<u>国会</u>に提出する。

ゴロで覚える！　食育白書
ショック！　いくら白紙にしても毎年、後悔。
食育白書、毎年、国会

5 食品と微生物

①微生物の種類 (CHECK! □□□)

微生物とは、**可視できない**(肉眼で見えない)生物をいう。大きいものから小さいものへ、順にあげると以下のようになる。

大	→			小
<u>原虫</u> 赤痢アメーバ、マラリア原虫など	<u>真菌類</u> かび、酵母	<u>細菌</u> 大腸菌、サルモネラ菌など	<u>リケッチア</u> 発疹熱など	<u>ウイルス</u> ノロウイルスなど

②細菌増殖の5大条件 (CHECK! □□□)

細菌が増殖するには、**栄養素**、**水分**、**温度**、**酸素**、**pH**(水素イオン濃度)の5つの条件が必要である。この条件をコントロールすることが食中毒予防対策となる。

覚える！ 細菌増殖の条件 関連用語

栄養素	細菌の増殖には、**炭素源**(グルコース)、**窒素源**(アミノ酸)、**無機塩類**(マグネシウム、ナトリウム、カルシウムなど)、**ビタミン類**が必要である。
水分 **出る！**	食品中の**水分**が多いほど、細菌は増殖する。
	細菌が利用できる水分を**自由水**、食品の成分と結び付いて細菌が利用できない水分を**結合水**という。
	食品中の水分に、自由水がどのくらいの割合で存在するかを表したものを**水分活性**(**Aw**)という。このAwの数値が**1.0**に近づくほど自由水が多く、細菌が増殖しやすい。一方、数値が**0**に近づくほど**結合水**が多い。砂糖漬けや塩漬けは結合水が多くなるのでAwが低く、細菌は繁殖しにくい。

コロで覚える！ 細菌増殖の温度条件
最近、連れはサンマ、沢で塩ふり、心はローマ。
低：**20〜30℃**、中：**30〜40℃**、高：**55〜60℃**

温度	細菌の増殖には、発育に適した至適温度がある。
	低温菌→至適増殖温度が約20〜30℃。 中温菌→　　〃　　　　約30〜40℃。 高温菌→　　〃　　　　約55〜60℃。
	人に健康被害を与える細菌のほとんどが、中温菌である。
酸素 出る！	細菌の増殖では、種類により酸素の必要性が異なる。
	好気性菌→酸素を必要とする菌（結核菌）。
	微好気性菌→酸素が5〜15%必要な菌（カンピロバクター）。
	通性嫌気性菌→酸素があってもなくてもよい細菌（大部分の菌）。
	偏性嫌気性菌→酸素が不要の菌（ボツリヌス菌、ウエルシュ菌）。
pH（水素イオン濃度）出る！	pHは水素イオン濃度ともいい、酸性とアルカリ性を表す。7が中性、これより小さい値は酸性、大きい値はアルカリ性である。
	大部分の細菌は中性から弱アルカリ性を好む。酸性では増殖が抑制される。従って酢の利用は有効である。

③食品の微生物汚染指標　（CHECK! ☐☐☐）

　食品の衛生管理では、細菌の繁殖対策のため微生物検査による指標が必要となる。食品衛生法では、微生物汚染指標を出す微生物検査の基本を、一般生菌数と糞便系大腸菌群としている。

ゴロで覚える！　酸素条件の菌種
さっそく交通隊を編成して尾行。
好気性菌、通性嫌気性菌、偏性嫌気性菌、微好気性菌

糞便汚染指標	食品衛生上、食品の健康危害の原因となるのは主に<u>腸管系病原菌</u>である。
	この病原体の汚染指標となる<u>大腸菌群</u>は、①人や動物の<u>腸管</u>で増殖して糞便中に生存する、②検査法が簡単であるという特徴を持つ。このため、<u>大腸菌群検査</u>を食品の微生物汚染、糞便汚染指標として用いる。
<u>一般生菌数測定法</u>	<u>食品・器具の汚染状態</u>を検査する方法。
	菌を培養して出現した菌数を測定する。生菌数が<u>多い</u>ほど汚染度が高くなることから、食品や器具の汚染度を評価する。

④食品の腐敗 （CHECK! □□□）

　<u>腐敗</u>とは「食品成分が<u>菌</u>により分解されて<u>色調</u>の劣化、悪臭の発生など可食性を失うこと」をいう。悪臭が発生するのは、食品中の<u>たんぱく質</u>が菌によって分解され、硫化水素、アンモニア、アミン類が産生されるためである。これに対し、<u>炭水化物</u>や<u>脂肪</u>が菌により分解されることを<u>変敗</u>という。

　食品が腐敗すると、①肉類は<u>水素イオン濃度</u>（pH）が高くなる。②魚類は揮発性塩基窒素（<u>VBN</u>）が高くなる。③牛乳は加熱すると<u>凝固</u>する。④鶏卵は割ったときに、<u>卵黄</u>と<u>卵白</u>が広がる。

6 食中毒

①食中毒の概要 （CHECK! □□□）

　食中毒には、<u>細菌性食中毒</u>、<u>ウイルス性食中毒</u>、<u>自然毒食中毒</u>、<u>化学性食中毒</u>がある。また、2013年から<u>寄生虫</u>も食中毒として扱われるようになった。

食中毒の種類
しょっちゅうサイは感動、児童はショック。
細菌性、感染型・毒素型、自然毒、動物性・植物性

細菌性食中毒	感染型……細菌そのものが、人の腸管に危害を与える食中毒。	
	毒素型……食品や人の腸管で細菌が増殖するときに産生する毒素が、人に危害を与える食中毒。	
ウイルス性食中毒	ノロウイルスによる食中毒など。	
自然毒食中毒	動物性……フグ、毒魚、貝毒による食中毒など。	
	植物性……毒きのこ、有毒植物による食中毒など。	
化学性食中毒	農薬、有害金属類、ヒ素などの有害化学物質による食中毒。	
寄生虫による食中毒	2013年から食中毒統計に掲載。	

②細菌性食中毒 （CHECK! □□□）

前項にあるように、細菌性食中毒には感染型と毒素型がある。それぞれの型の代表的な特徴、予防3原則を押さえておこう。

覚える！ 細菌性食中毒 関連用語

感染型	サルモネラ食中毒 **出る！**	原因→鶏卵、肉、生野菜など。
		症状→下痢、嘔吐、腹痛、高熱。無芽胞菌（むがほうきん）なので加熱で殺滅できる。
		その他→サルモネラ菌の一種であるサルモネラ・エンテリティディス（SE菌）は鶏卵に存在し、微量の菌で食中毒を発症させる。死亡例がある。
	腸炎ビブリオ食中毒 **出る！**	原因→魚介類、浅漬け野菜など。
		症状→上腹部痛、下痢、コレラ様症状発熱。死亡例はない。好塩菌で熱に弱く、増殖速度が速い。
		その他→予防対策には、淡水で洗う、加熱する、早めに食べる、低温保存や加熱調理を行う。

ゴロで覚える！ 感染型の種類
観戦するサルの長官。
サルモネラ、腸炎ビブリオ、カンピロバクター

感染型	カンピロバクター食中毒 **出る!**	原因→鶏肉、飲料水、牛乳など。
		症状→下痢、腹痛、まれにギランバレー症候群を発症する。
		その他→潜伏期間が長く、無芽胞菌で加熱に弱い。死亡例はないが、鶏肉の生食による発生例が多い。
毒素型	黄色ブドウ球菌食中毒 **出る!**	原因→おにぎり、乳製品、人の手が多くかかる食品。
		症状→菌が産生する毒素のエンテロトキシンにより下痢や激しい嘔吐が起こるが、発熱はなく軽症である。
		その他→菌は人の皮膚、口・鼻腔、化膿巣、及び牛の乳房炎に存在する。菌は熱に弱いが、毒素は耐熱性である。予防対策は①調理時に手袋、マスクなどを着用する、②傷のある人に食品を触れさせない、③4℃以下で保存する、④食品を放置しない、など。
	ボツリヌス食中毒 **出る!**	原因→ソーセージ、いずし、からしれんこん、びん詰食品など。
		症状→菌が産生する毒素（ボツリヌス毒）による神経マヒ、複視など目の障害、手足のしびれ、呼吸困難。死亡例もある。
		その他→A～G型があり、いずれも芽胞菌である。菌、及び産生されたボツリヌス毒の耐熱性は型により異なる。毒素は猛毒。偏性嫌気性菌であり、密封包装、缶詰、びん詰でも毒素は産生されるので注意を要する。
		乳児のみにみられる乳児ボツリヌス症は、はちみつが原因。ボツリヌス菌が乳児の大腸で毒素を産生して発症する。

ゴロで覚える! 菌と毒素
金欠に得! オープンが3円。
黄色ブドウ球菌、産生する、エンテロトキシン

		原因→飲料水、野菜など。
毒素型	腸管出血性大腸菌中毒 **出る!**	症状→菌が産生するベロ毒素による出血性腸炎や溶血性尿毒症症候群（HUS）により死亡することも。
		その他→微量菌で発症し、人から人への2次感染もある。O157、O111、O26などの血清型がある。
	ウエルシュ菌食中毒	原因→深鍋で加熱調理後、室温放置したカレー、シチューなど。
		症状→下痢、腹痛が発症するが軽症。
		その他→偏性嫌気性菌で芽胞菌である。加熱調理後も耐熱性の芽胞が生存し、室温放置で菌が増殖して毒素を産生する。10℃以下では増殖しないので、調理済み食品の急冷が予防対策となる。
予防3原則 **出る!**		つけない→食中毒菌をつけない。①食品・器具・容器包装を清潔にする。②調理時には清潔な着衣を用意、保菌者や傷がある人に調理させない。③そ族・昆虫類の防除、上下水道・手洗い設備の整備。
		増やさない→①温度管理：低温保存（4℃以下）、急冷（10℃以下）、②迅速→できるだけ早い摂食。
		殺菌する→加熱調理して菌を殺滅する。

③ウイルス性食中毒　(CHECK! □□□)

　代表的なウイルス性食中毒は、ノロウイルス食中毒である。主な症状は下痢、腹痛、激しい嘔吐、発熱。牡蠣などの二枚貝、給食のパンなど多様な食品が原因で、特に冬の時期に発生する。微量なウイルスで発症し、感染者の排泄物により人から人へと2次感染する。ノロウイルスの不活化法は、アルコール消毒では効果が薄く、次亜塩素酸ナトリウムなどの塩素系消毒剤が有効である。

④自然毒食中毒　(CHECK! □□□)

　自然界に存在する、人体に有害とされる毒物である。動物性と植物性の2種がある。

ゴロで覚える！　ウイルス性食中毒
ノロノロ2時間延焼した。
　　ノロウイルス、2次感染、塩素系消毒剤

133

動物性自然毒	フグ中毒 出る!	フグ毒の<u>テトロドトキシン</u>（**TTX**）は海洋細菌に由来し、食物連鎖により魚の体内に蓄積される。フグ特有の毒素ではない。
		食後<u>30分〜3</u>時間で発症する。口のしびれ、神経マヒ、呼吸困難で死亡する。
		TTXは水に不溶で<u>熱</u>や<u>酸</u>にも強いため、加熱調理しても無毒化できない。
	イシナギ中毒 出る!	<u>ビタミンA過剰症</u>。イシナギ、サメ、マグロの肝臓に含まれる濃厚な<u>ビタミンA</u>が原因。
		激しい頭痛、嘔吐、発熱、顔面から全身の<u>皮膚剥離</u>が起こる。
		イシナギの<u>肝臓</u>は食用禁止措置になっている。
	シガテラ中毒 出る!	サンゴ礁に生息する毒魚の<u>シガテラ類</u>による中毒。食物連鎖で、毒素の<u>シガトキシン</u>を体内に蓄積する。
		口・手足の感覚異常、下痢、腹痛、<u>ドライアイスセンセーション</u>（冷感温度感覚異常）が発生する。
	貝毒 出る!	食物連鎖により、貝類の中腸腺に毒素が蓄積して人に中毒を発生させる。
		マヒ性貝毒→あさり、ホタテ、ムラサキイガイが原因。<u>神経障害</u>で死亡することもある。
		下痢性貝毒→ホタテ、ムラサキイガイが原因。<u>下痢</u>、嘔吐、発熱はない。<u>死亡例</u>はない。
植物性自然毒	有毒きのこ 出る!	加熱や冷凍でも毒素は分解しない。
		①<u>コレラ型</u>→コレラ様症状で死亡する。 ②<u>胃腸炎型</u>→下痢、嘔吐など。摂食量によっては危険。 ③<u>脳症型</u>→幻覚、興奮、神経障害。
		きのこ中毒の大部分は、胃腸炎型の<u>ツキヨタケ</u>、<u>クサウラベニタケ</u>、<u>カキシメジ</u>の3種の毒きのこによる。

ゴロで覚える! 有毒きのこ
これ、いっちょうはノーでしょう。
<u>コレラ型・胃腸炎型・脳症型</u>

植物性自然毒	じゃがいも	発芽部分や緑色部分に、有毒成分であるアルカロイド配糖体のソラニンを含む。
		嘔吐、下痢、呼吸困難を起こす。
	青梅	未熟な梅である青梅には、有毒成分の青酸配糖体のアミグダリンが含まれる。成熟した梅には含まれない。
	その他	ドクゼリ、チョウセンアサガオ、ビルマ豆、トリカブトなどがある。

⑤化学性食中毒　(CHECK! □□□)

化学性食中毒は、有害化学物質に汚染された食品を摂食することにより発生する。公害病とも関連が深い。

覚える! 化学性食中毒　関連用語

森永ヒ素ミルク事件	原因→1955年、森永乳業(株)製の粉ミルクの製造中にヒ素が混入し、乳児に健康被害が発生した。
	症状→発熱、下痢、肝臓障害、神経障害、死亡。
	その他→患者数約13,400人、死者約130人。
カネミ油症(ライスオイル)事件	原因→1968年、カネミ倉庫(株)の米ぬか油製造中に、ポリ塩化ビフェニル(PCB)が混入した。
	症状→むくみ、湿疹、倦怠感。
	その他→患者数は2016年時点で約2,300人である。
水俣病、新潟水俣病(第2水俣病)	原因→1953年、チッソ(株)の工場排水中に混入した有機水銀(メチル水銀)が、食物連鎖で魚介類の生物体内で生物濃縮され、それを摂食した漁民に発生した有機水銀中毒。
	症状→神経障害、胎児性水俣病など。
	その他→2,200人以上の患者が発生、水俣病として知られる。1964年に起こった新潟県阿賀野川流域での工場排水による有機水銀中毒は、新潟水俣病または第2水俣病という。

ゴロで覚える! 森永ヒ素ミルク事件
一休ゴーゴー、森からひそかに見る。
　　1955年　森永ヒ素ミルク事件

イタイイタイ病	原因→三井金属鉱業（株）神岡精錬所の排水中に混入した**カドミウム**が、富山県神通川流域の米や飲料水、魚介類を汚染。
	症状：骨の異常、**変形**。患者数は約**200**人。
ヒスタミン中毒	症状が食物アレルギーに似ているため、**アレルギー様食中毒**ともいう。
	マグロ、サンマ、サバなどに存在する細菌が、魚の体内に**ヒスタミン**を産生する。これが人にアレルギー様のじんま疹、頭痛、発熱の症状を発生させる。予防は、**低温管理**で菌の増殖を抑制する。
その他	**メタノール**、**有機リン剤**（農薬）、エチレングリコール（添加物）などがある。

⑥食中毒統計　CHECK! □□□

食品衛生法により、食中毒患者を診断した医師はただちに**保健所長**（医師）に届け出る義務がある。届け出た内容は**保健所**と**都道府県**を経て**厚生労働省**に報告され、集計・分析されて**食中毒統計**が作成される。

	事件数	患者数	死者
食中毒発生状況（総数）	962	6,856	5

（厚生労働省：食中毒統計2022〈令和4〉年）

覚える! 食中毒に関する統計　関連用語

季節別発生状況 出る!	細菌性は夏季、ウイルス性は冬季に発生することが多い。
	自然毒は旬の季節に発生。化学性は季節とは関係ない。

原因施設別発生状況（2022年）		事件数	患者数
	第1位	飲食店	飲食店
	第2位	家庭	仕出屋
	第3位	販売店	事業場

原因食品別発生状況（2022年）		事件数	患者数
	第1位	魚介類	複合調理食品
	第2位	複合調理食品	魚介類
	第3位	野菜・加工品	肉・加工品

食中毒の季節別発生
最近しょっちゅう夏っぽい、うるせーのは冬。
細菌性食中毒は夏季、ウイルス性食中毒は冬季に多い

病因物質別 発生状況 (2022年)		事件数	患者数
	第1位	アニサキス	ノロウイルス
	第2位	カンピロバクター	ウエルシュ菌
	第3位	ノロウイルス	カンピロバクター

7 食品と寄生虫(寄生虫による食中毒)

①寄生虫とは (CHECK!☐☐☐)

人や動物に感染し、感染した生物(宿主)の栄養をとって生息する生物が寄生虫である。宿主には、**中間宿主**と**終宿主**とがある。**中間宿主**とは、終宿主に寄生する前段階の宿主。**終宿主**とは、寄生虫が成虫になり生殖が行える生物のことである。なお、中間宿主が2段階ある場合は第1中間宿主、第2中間宿主と呼ぶ。また、寄生虫には**特定固有**の宿主が決まっている。終宿主以外の生物の体内では成虫になれない。

1950年頃は国民の**70%**が寄生虫に感染していたが、現在は激減した。しかし、グルメブームです**し**、**刺し身**、**食肉の生食**、**海外渡航**、**輸入食材**、**有機野菜**、**ペット**などからの寄生虫の感染が増えている。2021年では、**アニサキス**による食中毒の発生事件数が第1位となり、再流行が心配されている。また、ヒラメからクドアの感染も出現している。2013年から食中毒統計に掲載されるようになった。

②魚介類から感染する寄生虫 (CHECK!☐☐☐)

魚介類に寄生虫が寄生するのは、特別なことではない。しかし**生食**することで、人の健康に影響することもある。

覚える! 魚介類から感染する寄生虫　関連用語

アニサキス 出る!	終宿主は**クジラ**、**イルカ**。第1中間宿主は**オキアミ**、第2中間宿主が**ニシン**、**タラ**、**スルメイカ**、**サバ**など。人は終宿主でないので、人の体内では成虫にはなれない。
	人の体内で幼虫は、**胃壁**に頭を入れる。上腹部痛、嘔吐などの**胃アニサキス症**を発症する。
	幼虫は、**加熱**(70℃瞬時)や**冷凍**(−20℃・24時間)で死滅する。

寄生虫とは
中秋に**ナマ**で海入る勇気なく、**ペット**と帰省。
中間宿主、終宿主、生食、海外渡航、輸入食材、有機野菜、ペット

顎口虫 (がっこうちゅう)	終宿主は**イヌ**、**ネコ**。第1中間宿主は**ケンミジンコ**、第2中間宿主は淡水魚(**ドジョウ**、**コイ**など)、両生類。人は終宿主でないので、成虫にはなれない。
	幼虫のままで皮膚の下をはい回る<u>幼虫移行症</u>により、かゆみ、脳障害などを発症する。<u>ドジョウの踊り食い</u>で感染することが多い。
肝吸虫	<u>肝ジストマ</u>ともいう。終宿主は**人**、**野生動物**。第1中間宿主は**マメタニシ**、第2中間宿主は淡水魚(**コイ**、**フナ**など)。虫体は柳の葉状である。
	人の肝臓、胆管に寄生し、<u>肝臓障害</u>を発症する。
	うろこの飛び散りに注意する。<u>加熱調理</u>が予防に有効である。
日本海裂頭 条虫 出る!	<u>サナダムシ</u>ともいい、成虫は3〜8m。終宿主は**人**、**クマ**、**ネコ**。第1中間宿主は**ケンミジンコ**、第2中間宿主は**サケ**、**マス**で、特に**サクラマス**の寄生率が高い。
	小腸に寄生し、虫体を伸ばす。症状は軽度の<u>消化器障害</u>、貧血などである。
	<u>加熱と冷凍</u>が予防に有効である。
ウェステル マン肺吸虫	終宿主は**人**、**イノシシ**。第1中間宿主は**カワニナ**、第2中間宿主は淡水産カニ(**モクズガニ**、**サワガニ**、**ザリガニ**)。虫体は**コーヒー豆状**で、人の肺に寄生する。
	肺結核様の症状を発症する。**おぼろ汁**(モクズガニを使ったみそ汁)で感染することが多い。
クドア	可視できない微小の寄生虫で、<u>頻発</u>している。<u>ヒラメの刺し身</u>が原因。一過性の下痢。−20℃4時間か中心温度75℃5分以上で死滅。

③食肉から感染する寄生虫 (CHECK! □□□)

魚介類と同様、食肉用の動物にも寄生虫は存在する。<u>生</u>、あるいは<u>半</u>

ゴロで覚える! 魚介類の寄生虫
業界人、学校へ、幼児と行く。
魚介類の寄生虫、顎口虫、幼虫移行症

<u>生</u>で食べる料理などから感染することもある。ブタやネコを宿主とする<u>トキソプラズマ</u>についても、しっかり押さえておこう。

覚える！ 食肉から感染する寄生虫 関連用語

無鉤条虫 （むこうじょうちゅう）	成虫は 3 〜 6 m、終宿主は<u>人</u>、中間宿主は<u>ウシ</u>である。人の<u>小腸上部</u>に寄生し、虫体を伸ばす。
	<u>腹痛</u>、<u>下痢</u>、貧血などの症状がみられる。
	<u>生牛肉</u>を食べないこと、加熱調理が予防となる。日本では、食肉処理場で検査している。
有鉤条虫 （ゆうこうじょうちゅう）	成虫は 2 〜 3 m、終宿主は<u>人</u>、中間宿主は<u>ブタ</u>、<u>イノシシ</u>。人の<u>小腸上部</u>に寄生する。
	人の体内で産卵して幼虫になると、脳・心臓などに移行する<u>幼虫移行症</u>になり危険。
	豚肉やイノシシの<u>生肉</u>、<u>生焼け</u>を食べないこと、加熱調理が予防となる。
トキソプラズマ 出る！	終宿主はネコ。中間宿主は<u>ブタ</u>、ヒツジ、家禽（かきん）、ネズミなど。人は<u>ブタ</u>やネコから感染する。トキソプラズマは<u>原虫</u>で、<u>人畜共通感染症</u>としても問題となる。
	症状は<u>発熱</u>、<u>リンパ節炎</u>であるが、一度感染すると人は抗体を産生する。
	妊婦が初感染すると、トキソプラズマは胎盤を通って胎児に<u>先天性トキソプラズマ症</u>を発生させる。また、流産や死産のリスクも高くなる。妊婦のネコの飼育、生の豚肉の摂食には注意する。
サルコシスティス	中間宿主が<u>ウマ</u>、終宿主がイヌ。<u>馬刺し</u>が原因。一過性の下痢。−20℃ 48時間で死滅。

④野菜・その他から感染する寄生虫　CHECK! □□□

近年、海外からの輸入野菜や、<u>有機栽培野菜</u>、<u>無農薬野菜</u>などから感染する傾向にある。予防には流水での洗浄や加熱が有効となる。

コロで覚える！ 食肉の寄生虫
憎いけど、牛は無効、豚は有効と起訴。
食肉の寄生虫、ウシは無鉤条虫、ブタは有鉤条虫、トキソプラズマ

覚える! 野菜・その他から感染する寄生虫　関連用語

回虫	人の小腸に寄生し、体内を移行するとき臓器に入り込み、腹痛や体内移行症など危険な症状を起こす。
	虫卵が付着した野菜から感染する。
	虫卵は低温・乾燥に強いが熱には弱いので、加熱が有効である。
ズビニ鉤虫	人の小腸に寄生し、貧血、倦怠感、異味症(紙、土などを食べる症状)を発症する。
	虫卵が付着した野菜から感染する。
エキノコックス	キタキツネの排泄物で汚染された山菜、水から感染。肝臓障害が発症。
クリプトスポリジウム	原虫、野菜や水から感染し、下痢が発症。塩素消毒では死滅しない。
赤痢アメーバ	原虫、野菜や水から感染し、赤痢様粘血便が発症。

8 食品添加物

①食品添加物の概要　(CHECK! ☐☐☐)

　食品添加物は直接口から人の体内に入るものだけに、その定義や規格基準、表示義務などが公的に定められている。まずは、基礎となる概要を押さえておこう。

覚える! 食品添加物　関連用語

食品添加物の定義	食品衛生法による定義は「食品製造の過程、加工、保存の目的で、食品に添加、混和、浸潤、その他の方法によって使用するもの」である。
	厚生労働大臣が安全性と有効性を確認した添加物のみ、使用できる。

 ゴロで覚える! 野菜の寄生虫
優男が開口一番、「流水かね?」
回虫、ズビニ鉤虫、流水・加熱で予防

ポジティブリスト方式 **出る！**	厚生労働大臣が安全性を認め、使用してよいと指定した添加物を<u>指定添加物</u>という。
	日本では、原則としてすべてを禁止するが、厚生労働大臣が使用を認めた添加物のみ使用できる<u>ポジティブリスト</u>方式をとっている。
食品添加物公定書	食品衛生法により、<u>厚生労働大臣</u>及び<u>内閣総理大臣</u>に作成が義務付けられている公定書。
	添加物の<u>製造基準</u>、<u>成分規格</u>、<u>使用基準</u>、<u>保存基準</u>、<u>検査方法</u>、<u>表示基準</u>が記載されている。これに従わない添加物は使用できない。
食品添加物の表示 **出る！**	使用した添加物はすべて<u>表示</u>する。
	表示が免除される場合（<u>免除規定</u>）： ①加工に使用されるが、食品中に残らないもの。 ②原材料に含まれるが、食品には微量で効果がないもの（<u>キャリーオーバー</u>）。 ③<u>バラ売り</u>のもの。 ④表示面積が狭い、<u>小包装</u>のもの。 ⑤栄養強化のためのビタミンなど（ただし<u>健康増進法</u>による表示をする）。
	必ず表示するもの（<u>義務表示</u>）→アレルギー特定原材料（<u>アレルゲン</u>）である<u>小麦、卵、そば、乳、落花生、エビ、カニ、くるみ</u>の8品目。

②リスク評価とリスク管理　(CHECK! □□□)

　リスク評価もリスク管理も、食品を食べることで健康に悪影響が起こることのないようにするためのものである。評価と管理の意味と実施機関、また<u>ADI</u>について覚えておこう。

覚える！ リスク評価と管理　関連用語

| <u>安全性評価機関</u>と管理機関 | 安全性の評価（危害があるかどうかの<u>リスク評価</u>）→<u>内閣府</u>の<u>食品安全委員会</u>が行う。 |
| | <u>リスク管理</u>（危害を防止するためのコントロール、対策）→食品安全委員会の評価結果を受けて、<u>厚生労働大臣</u>が添加物について規定する。 |

コロで覚える！ アレルゲン7品目
アレレ？　エビカニ乱入、そばに落下、困る。
エビ、カニ、卵、乳、そば、落花生、小麦

	毒性試験→食品安全委員会では<u>動物実験</u>による毒性試験により、添加物の安全性を評価する。
1日摂取許容量 **(ADI)** 出る!	<u>1日摂取許容量(ADI)</u>→人がその添加物を一生食べ続けても健康に影響のない、1日の摂取量をいう。<u>無毒性量</u>に安全率1/100を乗じて人の<u>ADI</u>とする。
	<u>無毒性量</u>→動物実験による毒性試験の結果、動物に有害な影響がみられない最大の量をいう。
	使用基準は、<u>ADI</u>を<u>下回る</u>値になるように定められている。これは1日に多種類の添加物を一生とることからである。
	安全性の国際評価→<u>JECFA</u>(FAO／WHO合同食品添加物専門家会議)との情報交換をしている。

③食品添加物の種類と用途　(CHECK!☐☐☐)

食品添加物にはさまざまな種類と用途がある。これらの組み合わせを整理しながら覚えよう。

覚える! 食品添加物の種類と用途

添加物	用途	主な成分
<u>保存料</u>	細菌の増殖を抑制し<u>腐敗</u>を遅らせる。殺菌効果はない。	<u>ソルビン酸</u>
<u>発色剤</u>	食品の色調をよくする。	<u>亜硝酸ナトリウム</u>
<u>防ばい剤</u> (防かび剤)	<u>柑橘類</u>につくかびの発生を防止する。	<u>イマザリル、OPP</u> (柑橘類はOPPのみ使用可)
<u>殺菌剤</u>	食品に付着した細菌を殺滅する。	<u>次亜塩素酸ナトリウム</u>
<u>乳化剤</u>	<u>油分</u>と<u>水分</u>を均一に混ぜる。	<u>グリセリン脂肪酸エステル</u>
<u>被膜剤</u>	<u>水</u>の蒸発を防止し、新鮮さを保持する。	<u>オレイン酸ナトリウム</u>
<u>酸化防止剤</u>	油脂の酸化を防ぐ。	<u>エリソルビン酸</u>
<u>その他</u>	<u>着色料</u>、<u>甘味料</u>、香料、<u>pH調整剤</u>、<u>かんすい</u>、漂白剤、豆腐用凝固剤(にがり)、膨張剤など。	

コロで覚える! 食品添加物
天下一のビンで保存、オレ納得の暇つぶし。
<u>ソルビン酸</u>・保存料、<u>オレイン酸ナトリウム</u>・被膜剤

9 器具・容器包装の衛生

①器具・容器包装の定義　(CHECK! □□□)

食品衛生法では、器具を「飲食器、割ぽう具その他、食品、添加物の採取、製造、加工、調理、貯蔵、運搬、陳列、授受、摂取の用に供され、食品、添加物に直接接触する機械、器具その他のもの」と定義している。ただし農水産業の器具などは対象ではない。容器包装を「食品または添加物を入れたり包んでいるもの。授受する場合そのままで引き渡すもの」と定義している。

②材質の種類　(CHECK! □□□)

安全性のあるものを使用する、ポジティブリスト制が導入される（改正食品衛生法）。

覚える! 材質の種類　関連用語

陶器	陶器（土もの）→透光性はなく、吸水性があり、たたくと濁った音。
磁器	磁器（石もの）→透光性があり、吸水性はなく、たたくと澄んだ音。
ほうろう引き	金属の表面に特殊ガラス処理したもの。耐食性がある。
プラスチック	熱可塑性樹脂（ポリエチレンなど）、熱硬化性樹脂（フェノール、メラミン、ユリア樹脂は電子レンジ使用不可）。
その他	ガラス、金属、木材など。

10 食品安全対策

①食品安全対策　(CHECK! □□□)

食品衛生行政は厚生労働省が担当している。地域住民のための食品衛生の第一線の機関は、自治体の保健所になる。食品営業施設は、都道府県知事の定める施設基準に適合しなければ営業は許可されない。

②自主衛生管理　(CHECK! □□□)

HACCP（ハサップ）はHazard Analysis and Critical Control Pointの略で、危害分析重要管理点という。食品製造工程の危害を分析（HA）して、その

コロで覚える! 器具・容器包装の材質
冬季の光を浴びた救世主、放浪して退職。
陶器＝透光性無・吸水性有、ほうろう＝耐食性

中で重点的に衛生管理を行う点を設定（<u>CCP</u>）する。これにより最終製品を検査しなくても食品の安全が確保できる（119ページ参照）。

③**大量調理施設衛生管理マニュアル**（厚生労働省）　CHECK!□□□

目的：<u>1回300食</u>か<u>1日750食</u>以上提供する施設の<u>大規模食中毒防止</u>。
内容：大量調理を行う際に、HACCPに準拠した食品衛生管理の徹底。
検食：食材ごとに、50gずつを<u>−20℃</u>で<u>2</u>週間保存。

④**殺菌方法**　CHECK!□□□

調理に使う器材や道具、食器や容器も、しっかりとした衛生管理をする必要がある。<u>殺菌</u>とは、微生物を殺すことの総称である。殺菌には<u>滅菌</u>と<u>消毒</u>があり、さらに消毒には①<u>物理的消毒</u>と②<u>化学的消毒</u>（薬剤消毒）がある。①には加熱（熱湯・煮沸消毒、低温消毒）、<u>紫外線</u>、<u>放射線</u>、ろ過、超音波などがある。②には<u>逆性せっけん</u>、<u>塩素剤</u>、<u>アルコール</u>などがある。

覚える！ 殺菌方法　関連用語

殺菌	微生物を殺滅することで、<u>滅菌</u>と<u>消毒</u>がある。
	滅菌→すべて殺滅すること。主として<u>オートクレーブ</u>（加圧蒸気釜）法がある。
	消毒→<u>有害微生物のみ</u>殺滅すること。
熱湯・煮沸消毒	簡単にできる消毒法である。
	熱湯消毒→<u>80℃・2分</u>以上。煮沸消毒→沸騰状態で<u>30秒</u>。
低温殺菌法	<u>パスツリゼーション</u>ともいう。<u>ワイン</u>や<u>牛乳</u>の消毒法である。
	<u>63～65℃・30分</u>以上で、芽胞菌などは殺滅しない。
放射線照射	<u>γ（ガンマ）線</u>を利用。
	日本では<u>じゃがいもの発芽防止</u>目的のみ認められている。
逆性せっけん	<u>陽イオン界面活性剤</u>。
	通常のせっけんと併用すると殺菌効果が<u>弱まる</u>。
塩素系消毒剤	<u>次亜塩素酸ナトリウム</u>など。
	<u>塩素ガス</u>発生に注意する。<u>ノロウイルス</u>などに有効。

コロで覚える！ 低温殺菌法
帝王の猛者は無言でサンマとバス釣り。
<u>63～65℃</u>で、<u>30分</u>、<u>パスツリゼーション</u>

アルコール	<u>70</u>%アルコールが強い殺菌効果を持つ。
	対象物が<u>ぬれている</u>と濃度が薄まり、効果がなくなる。

11 食品表示法

①法制定の経緯 （CHECK! □□□）

食品の表示は、<u>食品衛生</u>法、<u>JAS</u>法、<u>健康増進</u>法の3つの法律にまたがって定められているため、複雑であった。食品表示法は、上記3法に規定してある食品表示基準を統合して1つの法律にし、2015年4月1日に施行された。

②法の目的と所管 （CHECK! □□□）

消費者が求める情報提供としての食品表示と、食品事業者が実行できる食品表示とのバランスを図り、双方にとってわかりやすい<u>食品表示基準</u>を作ることを目的とする。表示は<u>消費者庁</u>が所轄する。

③従来からの変更点 （CHECK! □□□）

●<u>加工食品</u>、<u>生鮮食品</u>、<u>添加物</u>の区分を整理した。
●<u>アレルゲン表示</u>は、すべて表示する。表示義務は特定原材料の7品目（エビ、カニ、小麦、そば、卵、乳、落花生）と　表示を推奨する21品目（アーモンド、さば、オレンジなど）が定められている。
●添加物表示は、<u>添加物</u>と<u>原材料</u>を別々に表示する。
●栄養成分表示の義務化として、<u>熱量</u>、<u>たんぱく質</u>、<u>脂質</u>、<u>炭水化物</u>、<u>ナトリウム</u>の5成分を表示する。ナトリウムは、<u>食塩</u>相当量で表示する。
●<u>栄養強調表示</u>には、一定の要件を満たす必要がある。
●新たな<u>機能性表示食品</u>制度を導入。
●<u>表示可能面積</u>の小さい食品の表示方法の変更。

④経過措置期間（猶予期間） （CHECK! □□□）

<u>加工食品</u>や<u>添加物</u>の表示は2020年3月31日まで猶予されていた。

5つの栄養成分の表示義務化
熱すると、タイの脂（あぶら）は炭になる。
　　<u>熱</u>量、<u>たん</u>ぱく質、<u>脂</u>質、<u>炭</u>水化物、<u>ナトリウム</u>

❶食品衛生学概論

Q001

次の記述はWHOの食品衛生の定義を述べたものである。（　　）内に入る言葉の正しい組み合わせは（1）である。

「食品の生育、生産、（ a ）から消費されるまでのあらゆる段階において、食品の（ b ）と有益性、健常性を保持するために必要なすべての（ c ）を意味する。」

(1) a. 製造　　　b. 安全性　　　c. 手段
(2) a. 調理　　　b. 衛生　　　　c. 管理
(3) a. 加工　　　b. 機能性　　　c. 役割

Q002
出る！

食品衛生について、（1）、（2）の記述はともに正しい。

(1) 食品安全委員会
　　――食品についてのリスク評価を行う。
(2) 厚生労働省
　　――食品衛生についてのリスク管理を行う。

Q003

調理従事者を含む食品事業者は、食の安全に責務があるのは当然なので、食品衛生法、食品安全基本法では、食品事業者の責務についてあらためて明記はされていない。

❷食品衛生法

Q004

食品衛生法では、食品とは、人の口に直接入るすべての飲食物をいう。間接的に口に入るものとして、容器包装や乳児用おもちゃ、洗剤も対象である。

Q005

食品衛生法では、生の牛レバーおよび生の豚肉・豚の内臓の販売・提供は禁止されている。

得点アップのツボ！ WHOは世界保健機関のことで、国連の保健衛生の専門機関です。

A001
○

WHOは食品衛生の定義を「**食品の生育**、**生産**、**製造**から消費されるまでのあらゆる段階において、食品の**安全性**と有益性、健常性を保持するために必要なすべての**手段**」としている。調理ではなく、製造という用語が使われている。

A002
○

食品が人の健康に影響を及ぼすか、安全かどうかを評価することを**リスク評価**という。内閣府の**食品安全委員会**が担当する。リスク評価の結果を受けて、国民に安全な食品が提供できるように、監視や対策管理を行うことを**リスク管理**という。厚生労働省、農林水産省、食品表示については内閣府の**消費者庁**が担当する。

A003
✕

調理従事者を含む食品事業者には食の安全に責務があることが、**食品衛生法**、**食品安全基本法**に明記されている。

A004
○

食品衛生法では、食品とはすべての飲食物をいう。直接的、間接的に口に入るものとして、**添加物**、**器具・容器包装**、乳児用**おもちゃ**、洗剤などが食品と同様に対象となっている。ただし、「医薬品・医療機器等の品質、有効性及び安全性の確保等に関する法律」の対象となる**医薬品**、**医薬部外品**は含まれない。

A005
○

生の**牛レバー**（レバ刺し）および豚肉・豚の**内臓**の生食による食中毒事件の多発を受けて、同法の改正によりこれらの販売・提供は禁止された。

得点アップの ツボ！ 食品衛生法は、食品の安全性を確保し、飲食に起因する衛生上の危害発生の防止、国民の健康保護を図ることが目的の法律です。

Q006

食中毒を診断した医師は、ただちに都道府県知事に届け出なければならない。

Q007

食品衛生法では、営業とは、業として食品や添加物、器具・容器包装を採取、製造、加工、調理、貯蔵、販売することをいい、運搬や輸入は営業の対象には入っていない。

Q008

出る!

飲食店など定められた業種の営業許可申請は、所在地を管轄する保健所長から都道府県知事を経由して厚生労働大臣に提出しなければならない。

Q009

衛生上の考慮を必要とする食品・添加物で、政令で定める製造・加工をする営業者は、必置義務として必ず食品衛生管理者を置かなければならない。

Q010

出る!

飲食店を営業する者は、全施設に衛生責任者を必ず置かなければならない。

Q011

出る!

HACCPとは、事業者自らが食中毒菌汚染や異物混入などの食品への危害要因を把握したうえで、食品製造の全工程で特に重要な工程を管理し、食品の安全性を確保しようとする食品の衛生管理の手法をいう。

Q012

出る!

食品衛生法では、食品安全委員会が食品添加物について使用してよい添加物を指定するポジティブリスト方式を採用している。

148 **得点アップのツボ!** 食品衛生管理者は、①医師など、②専門課程卒業者、③業務経験3年ののち講習会を修了した者、です。

患者を食中毒と診断した医師は、ただちに<u>保健所長</u>へ届け出なければならない。保健所は原因調査を行い、結果は<u>都道府県</u>を経由して<u>厚生労働省</u>に報告され、<u>食中毒統計</u>が作成される。

食品衛生法では、営業の定義は、業として食品や添加物、器具・容器包装を<u>採取</u>、<u>製造</u>、<u>加工</u>、<u>調理</u>、<u>貯蔵</u>、<u>運搬</u>、<u>販売</u>、<u>輸入</u>することである。

飲食店など定められた業種の営業許可申請は、所在地を管轄する<u>保健所長</u>を経由して<u>都道府県知事</u>に提出しなければならない。営業を行う者は、都道府県知事から営業許可を受けなければならない。厚生労働大臣までの届出は不要。

衛生上の考慮を必要とする食品・添加物で、政令で定める<u>製造・加工</u>(乳品や食肉加工など)の施設では、その施設ごとに<u>衛生管理</u>を行うため、専任の<u>食品衛生管理者</u>を設置することが義務付けられている。<u>必置義務</u>である。

営業許可申請の届出をしようとする者は、<u>必置義務</u>となっているため、全施設に<u>食品衛生責任者</u>を置かなければならない。

HACCPとは、事業者自らが食品への危害要因を<u>把握・分析</u>(HA:ハザード・アナライシス)したうえで、食品製造の全工程で特に重要な工程箇所を<u>管理</u>(CCP:クリティカル・コントロール・ポイント)し、食品の安全性を確保しようとする食品の衛生管理をいう。

食品衛生法では、<u>厚生労働大臣</u>が使用してよい食品添加物を指定する<u>ポジティブリスト</u>方式を採用している。

得点アップのツボ! 食品衛生責任者の資格要件は、①調理師、栄養士など、②食品衛生管理者の資格者、③都道府県が行う講習会の受講修了者です。

Q013
□□□
出る!

食品添加物の表示については、すべて表示をすると見にくくなるので、使用量の多い添加物だけを表示すればよい。

Q014
□□□
出る!

アレルギー特定原材料（アレルゲン）の卵、乳、小麦、そば、落花生、エビ、カニ、くるみの8品目は、必ず表示する義務表示品目として定められている。

Q015
□□□

食品の表示については、内閣府の食品安全委員会が所管している。

Q016
□□□

飲食店などの営業許可を受ければ、廃業するまでその営業許可は有効である。

❸食品安全基本法

Q017
□□□

食品安全基本法は、食品の安全性を確保し、国民の健康を保護することを目的に定められたもので、内閣府が所管している。

Q018
□□□

食品安全基本法では、食の安全について、生産者と国とのあいだで情報交換・意見交換をするリスクコミュニケーションが定められている。

Q019
□□□

食品のリスク評価を行う機関として、内閣府の食品安全委員会が設置されている。

得点アップのツボ! 2015（平成27）年より食品表示法に基づく新たな食品表示制度として
アレルゲンは義務表示7品目、推奨表示21品目が定められました。

食品衛生法では、「原則として、食品に使用した**食品添加物**は**すべて**表示しなければならない」と定められている。

食品に含まれるアレルギー特定原材料（アレルゲン）の、**エビ**、**カニ**、**小麦**、**そば**、**卵**、**乳**、**落花生**、**くるみ**の8品目は、必ず表示しなければならない**義務表示品目**である。

2009（平成21）年9月から、食品添加物も含めた食品の表示は内閣府の**消費者庁**が所管することとなった。

飲食店などの営業許可期間は、**5**年を下らない期間。許可期間を経過すれば、**都道府県知事**に**更新**申請をしなければならない。

食品安全基本法は、食品の**安全性**を確保し、国民の**健康**を保護することを目的に定められた。所管しているのは**内閣府**。

食品安全基本法では、食の安全について、**消費者である国民**と国のあいだで情報交換・意見交換を行う**リスクコミュニケーション**が定められている。

A019 ○
食品安全委員会は**内閣府**に設置されていて、食品健康影響評価（**リスク評価**）を行う。**リスク管理**である安全対策は、別の機関である**厚生労働省**、**農林水産省**などが行う。なお食品表示についてのリスク管理は、消費者庁が行うこととなった。

得点アップのツボ! 食品安全基本法は食品の安全の確保を目的とし、リスク評価、リスク管理、リスクコミュニケーションの3つの施策が定められています。

④食育基本法

Q020
出る!

食育基本法を所管するのは、厚生労働省である。食育を進めるため、厚生労働省には食育推進会議が設置されている。会議会長は、厚生労働大臣が務めることが規定されている。

Q021

食育推進基本計画には、食育の知識を備えた調理師、専門調理師、栄養士、管理栄養士の養成を図ることが示されている。

⑤食品と微生物

Q022

細菌は外形によって、球菌、桿菌（かんきん）、らせん菌の3種類に分けられる。

Q023

微生物を大きい順に並べると、原虫（原生動物）、真菌（かび、酵母）、細菌、ウイルスとなる。

Q024

大腸菌、サルモネラ菌、カンピロバクターなど、食中毒に関係する細菌はいずれも桿菌である。

Q025

ウイルスは、生きた人の細胞の中でしか増殖できない。

Q026

細菌をグラム染色した場合、薄いピンク色に染まるものがグラム陰性菌、濃い紫色に染まるものがグラム陽性菌である。

得点アップの ツボ! 真菌には、酵母とかびがあり、人に健康危害を与えるものもある一方で、発酵や抗生物質など、人の役に立つものもあります。

A020 ✕

食育を進めるため、**農林水産省**に食育推進会議が設置されており、そこで**食育推進基本計画**が作成される。**農林水産大臣**を会議会長とし、担当・関係大臣と有識者で、計**25**名以内の委員により構成される。

A021 ◯

食育推進基本計画では、**地域**における食生活の改善のための取り組みの推進として、調理師、専門調理師、栄養士、管理栄養士などの**人材育成・活用**を図ることと示されている。

A022 ◯

細菌は外形によって、**球菌**、**桿菌**、**らせん菌**の３種類に分けられる。球菌は球状の菌で、単球菌、連鎖球菌、ブドウ球菌などがある。桿菌は棒状(棹上)の形態で、短桿菌や長桿菌などがある。らせん菌は、らせん状やコイル状の菌をいう。

A023 ◯

大きい順に、**原虫**、**真菌**、**細菌**となり、**ウイルス**が一番小さい微生物である。

A024 ✕

大腸菌とサルモネラ菌は**桿菌**、カンピロバクターは**らせん菌**である。

A025 ✕

ウイルスは、**生きた細胞**の中でしか増殖できない。人だけでなく、生きている動物や植物の細胞の中で増殖する。

A026 ◯

グラム染色は、細菌を特有の色素で染めて着色の違いから分類する方法。**グラム陽性菌**は濃い紫色に染まり、**ブドウ球菌**や**ウエルシュ菌**がある。**グラム陰性菌**は薄いピンク色に染まり、**赤痢菌**、**大腸菌**、**サルモネラ菌**などの無芽胞菌がある。

得点アップの ツボ! ウイルスは、単独では増殖できません。生きた細胞の中でしか増殖できないので、人の腸管などで増殖します。

Q027
☐☐☐
出る!

細菌が増殖するための条件には、栄養素、水分、温度、酸素、pHなどの条件がある。

Q028
☐☐☐
出る!

食品中の自由水が多いほど、細菌は増殖しやすい。

Q029
☐☐☐
出る!

食品を塩漬けや砂糖漬けにすると、Aw（水分活性）が高くなる。

Q030
☐☐☐

Aw（水分活性）が0.60以下になると、ほとんどの微生物は増殖できなくなる。

Q031
☐☐☐

細菌は、至適発育温度により低温菌、中温菌、高温菌の3種類に分類される。食中毒菌の大部分は中温菌である。

Q032
☐☐☐

細菌は至適発育温度以下になると死滅するため、冷蔵庫に食品を入れると死滅させることができる。

Q033
☐☐☐

次の組み合わせは、すべて正しい。
(1)酸素があってもなくても発育可能な細菌── 通性嫌気性菌
(2)酸素を必要としない菌──────────── 偏性嫌気性菌

得点アップの ツボ! Aw0.60以下だと、細菌は増殖できません。Awを低くした食品保存法に乾物、干しもの、砂糖・塩漬けがあります。

細菌は、<u>分裂</u>して増殖する。<u>栄養素</u>、<u>水分</u>、温度、酸素、<u>pH</u>の5条件により増殖は左右される。

 結合水が多いほど、細菌は増殖できない。自由水が多いほど細菌は増殖でき、Aw（水分活性）が<u>0.80〜0.99</u>のとき細菌は活発に増殖する。<u>生魚</u>や生野菜などは<u>0.90</u>以上あるので、細菌が増殖しやすい。

 塩漬けや砂糖漬けにすると、塩分や糖分が<u>高く</u>なる。そのため<u>結合水</u>は多く<u>自由水</u>は少なくなり、<u>Aw</u>が<u>低く</u>なるため細菌は増殖できなくなる。

 Aw（水分活性）が0.60以下ということは、細菌が増殖に利用できる<u>自由水</u>が少ないことを表している。細菌はAw<u>0.80〜0.99</u>で活発に増殖できる。Awが1.00に近いほど増殖しやすい。

 細菌は<u>至適発育温度</u>の違いにより、<u>低温菌</u>、<u>中温菌</u>、<u>高温菌</u>の3種類に分類される。食中毒菌は<u>中温菌</u>に多い。

 至適発育温度以下で細菌は死滅せず、<u>休眠</u>状態になっている。食品の冷蔵保存や冷凍保存に殺菌効果はなく、常温に戻せば菌はまた増殖を始める。

発育・増殖に酸素を必要としない細菌を<u>偏性嫌気性菌</u>といい、<u>ボツリヌス菌</u>や<u>ウエルシュ</u>菌がある。

得点アップの ツボ！ Awが1.0に近づくと自由水が多くなり、細菌が増殖しやすくなります。

Q034

次の組み合わせは、すべて正しい。
(1)偏性嫌気性菌————ボツリヌス菌、ウエルシュ菌
(2)通性嫌気性菌————大腸菌、腸炎ビブリオ
(3)好気性菌————結核菌

Q035

一般に細菌は、中性から弱アルカリ性を好む。しかし、酵母やかびは酸性を好む。

出る!

Q036

腸管系病原体は人の糞便からの汚染が疑われるため、糞便汚染指標として大腸菌群の検査が行われる。

Q037

食品や器具の汚染状態を調べるために、生きた菌を検出して汚染程度をみる方法を、一般生菌数測定法という。

Q038

変敗とは、食品の炭水化物や脂肪が細菌によって分解され、色調の変化や悪臭を発生することをいう。

Q039

腐敗とは、食品のたんぱく質が細菌によって分解されることをいう。

得点アップの
ツボ! 腐敗臭のアンモニア(肉類)、トリメチルアミン(魚類)、硫化水素(卵)、メチルメルカプタン(野菜)を4大悪臭といいます。

A034
○

多くの菌は**通性嫌気性菌**であるが、ボツリヌス菌やウエルシュ菌は**偏性嫌気性菌**である。大腸菌などの腸内細菌は、通性嫌気性菌が多い。好気性菌は酸素がないと**増殖**しない菌で、結核菌などがある。

A035
○

細菌は**中性**から**弱アルカリ性**を好み、酸性では**増殖**しにくい。**酢**を食品に使用するのは、このためである。一方、酵母やかびは、pH4～6の酸性を好む。

A036
○

食中毒や感染症の原因となる**腸管系病原体**（赤痢菌、コレラ菌、O157など）は、**糞便**とともに排泄されて食品を汚染する。この**糞便汚染指標菌**として用いられるのは、検査法が簡易で、菌の挙動が同じ**大腸菌群**である。

A037
○

食品や器具の細菌汚染の程度を知るために、菌を培養して出現した生菌の数を調べる方法を**一般生菌数測定法**という。**食品衛生法**などで、特定食品の生菌数の測定が定められている。

A038
○

食品の**炭水化物**や**脂肪**が細菌によって分解されることを**変敗**という。発酵も細菌などによる炭水化物の分解であるが、食用に利用されるため変敗とはいわない。

A039
○

食品の**たんぱく質**が細菌によって分解され、**硫化水素**や**アンモニア**、**アミン類**が生成され、**悪臭**や**色調**の変化が発生することを**腐敗**という。

得点アップのツボ！ 酢漬けやマリネ、すしに酢を使うのは、細菌が酸性では増殖しにくいことを利用した調理法のためです。

❻食中毒

Q040
出る!

食中毒の届出を受けた保健所が、食中毒の原因物質の調査を行う。

Q041
出る!

食中毒は、細菌によるもの、ウイルスによるもの、自然毒によるものの3種類に分類できる。

Q042

日本は衛生状態が良好なので、食中毒患者は発生するが、死者はいない。

Q043
出る!

ウイルス性食中毒は、冬季に発生する場合が多い。

Q044

自然毒食中毒と化学性食中毒は、夏季に集中して発生する場合が多い。

Q045
出る!

食中毒の原因施設別の発生件数は例年、飲食店が第1位である。

Q046

食中毒は、飲食店での発生が大部分で、家庭での発生はほとんどない。

得点アップの **ツボ!** ノロウイルス食中毒は、秋～冬季に流行しやすくなります。

届出を受けた**保健所**が原因物質の調査を行い、その結果は都道府県を経由して厚生労働省に報告され、**食中毒統計**が作成される。

食中毒は①**細菌**によるもの、②**ウイルス**によるもの、③**自然毒**によるもの、④**化学物質**によるものに加え、2013年から⑤**寄生虫**によるものが厚生労働省の食中毒統計に入り、5種類に分類されている。

2022年の届出食中毒患者は約**7,000**人となっており、死者も5人いる。

ウイルス性食中毒は**細菌性食中毒**とは逆で、**冬**季に多発している。

化学性食中毒は、**季節**に関係なく発生する。自然毒食中毒は、食品の**旬**の季節に関係して発生する。たとえば、山菜による食中毒は**春**、毒きのこによる食中毒は**秋**に多発する。

例年（2022年も）、食中毒の原因施設別の発生**件数**の第1位をみると、**飲食店**である。

例年、食中毒の原因施設別の**発生件数**の第2位は、**家庭**である。

得点アップの ツボ! 食中毒事件に関心を持ちましょう。腸管出血性大腸菌（O157）食中毒事件などの報道をチェックしておきましょう。

Q047

細菌性食中毒は、感染型と毒素型に分類される。

Q048

出る！

下記の(1)(2)の細菌性食中毒についての組み合わせは、どちらも誤りである。
(1)毒素型——サルモネラ、腸炎ビブリオ、
　　　　　　カンピロバクター
(2)感染型——黄色ブドウ球菌、ボツリヌス

Q049

サルモネラ食中毒の原因食品は、魚介類およびその加工品である。

Q050

出る！

サルモネラ食中毒の症状は、発熱がほとんどないことが特徴である。主症状は消化器系症状で、重症になり死亡することもある。

Q051

サルモネラ菌は芽胞を作らないので、熱抵抗性はない。加熱すれば、菌は死滅する。

Q052

出る！

サルモネラ・エンテリティディス菌(SE菌)は、微量菌でも食中毒を発生する。

Q053

出る！

腸炎ビブリオ菌の特徴として、通性嫌気性であること、増殖速度が速いこと、3％の食塩水で増殖する海水細菌であることがあげられる。

得点アップのツボ！ サルモネラ菌は血清型で分類すると2,000種以上あるので、まとめてサルモネラ属菌といいます。その1つがSE菌です。

細菌性食中毒は、**感染型**と**毒素型**に分類される。**感染型**は原因菌が**増殖**することで食中毒が発生し、**毒素型**は原因菌が増殖するときに産生する**毒素**により食中毒が発生する。

(1)、(2)の組み合わせが逆である。**感染型**食中毒には**サルモネラ、腸炎ビブリオ、カンピロバクター**による食中毒がある。黄色ブドウ球菌とボツリヌスは、**毒素型**食中毒である。

サルモネラ・エンテリティディス(**SE菌**)の原因食品は**鶏卵**である。その他のサルモネラ菌はそ族・昆虫や家畜が汚染源で、原因食品は**食肉、鶏卵**、その加工品、**生野菜**などである。

サルモネラ食中毒の症状は**下痢、嘔吐、腹痛、発熱(38〜40℃)**が特徴である。乳幼児や高齢者は重症化して、死亡することもある。

サルモネラ菌は、芽胞を作らない**無芽胞菌**なので熱に弱い。**60℃・20分**の加熱で死滅するため、食品を**加熱**すれば食中毒予防となる。

細菌性食中毒は通常、大量の菌を摂取しなければ発症しないが、SE菌は**微量菌**で発症する。

腸炎ビブリオ菌は、**通性嫌気性菌**で3%の食塩を好む**好塩菌**である。低温にも高温にも**弱く**、**4℃**以下では増殖できず、加熱すると**死滅**する。増殖速度がほかの食中毒菌と比較して**速い**のが特徴である。食品の摂食を**早め**にすることや、**低温保存**や**加熱調理**が予防対策となる。

得点アップのツボ! 微量菌で発症する食中毒には、サルモネラ・エンテリティディス、腸管出血性大腸菌(O157など)、カンピロバクターがあります。

Q054

腸炎ビブリオは真水に弱いので、魚介類を流水で洗い流すことは、予防法として効果的である。

Q055

腸炎ビブリオ食中毒の症状は、発熱して、上腹部痛、嘔吐、赤痢様の血便の下痢がみられ、死亡例がある。

Q056

カンピロバクター食中毒の原因食品は、鶏肉や飲料水である。特に学校給食では、鶏肉による集団感染が多く発生している。

Q057

出る！

カンピロバクター食中毒の症状は、潜伏期間が長く、下痢、腹痛、発熱があり、1〜3日で快方に向かう。まれにギランバレー症候群を発症することがある。

Q058

出る！

黄色ブドウ球菌食中毒は、食品中の菌が増殖するときに産生するマイコトキシンにより発生する。

Q059

黄色ブドウ球菌は人の皮膚、鼻の粘膜、口、手指、化膿巣などに存在するため、人が感染源となる。

Q060

出る！

黄色ブドウ球菌食中毒は、潜伏期間が短く、激しい嘔吐がある。発熱がないのが特徴であるが、死亡例はない。

得点アップのツボ！ 黄色ブドウ球菌は熱に弱いのですが、菌から産生される毒素のエンテロトキシンは熱に強く、通常の加熱では不活化しません。

A054 ○

腸炎ビブリオ菌は**3**%食塩存在下で増殖するが、**淡水**（真水）では増殖できないため、流水での**水洗い**は予防に効果的である。

A055 ×

腸炎ビブリオ食中毒の主な症状は、**発熱（37〜38℃）**、上腹部痛、嘔吐、**コレラ**様症状（**水様の下痢**、**脱水症状**）などである。死亡する例はほとんどない。

A056 ○

カンピロバクターは家畜や家禽に存在して、**食肉**、**牛乳**、**水**を汚染する。主な原因食品は**鶏肉**、牛乳、飲料水であり、学校給食の親子丼、飲料水、牛乳で大型食中毒が発生している。

A057 ○

カンピロバクター食中毒は潜伏期間が**2〜7**日と長く、下痢、腹痛、38℃以上の発熱がある。**1〜3**日で回復するが、まれに**ギランバレー症候群**（神経マヒ症状）を起こす例がある。

A058 ×

黄色ブドウ球菌食中毒は、食品内で菌が増殖するときに**エンテロトキシン**という毒素を産生し、人に害を与える。マイコトキシンは**カビ毒**のことである。

A059 ○

黄色ブドウ球菌は人の**皮膚**、鼻、口腔粘膜、手指、顔の**化膿巣**に存在する。人のほか、**乳房炎**に感染した牛の乳も感染源となる。

A060 ○

黄色ブドウ球菌食中毒の症状の特徴は、潜伏期間が**短い**、激しい**嘔吐**がある、**発熱**はないなどである。腹痛や下痢も起こるが、死亡することはない。

得点アップの ツボ！ 「サバの生き腐れ」とは、サバは腐るのが早いという意味。腸炎ビブリオ菌の増殖速度が非常に速いことを意味する、ともいわれています。

Q061
□□□
黄色ブドウ球菌食中毒の予防は、手指・顔に化膿巣のある者は調理に従事させない、食品に直接手を触れない、調理従事者はマスク・帽子・手袋を着用すること、である。

Q062
□□□
黄色ブドウ球菌が食品中で増殖したときに作る毒素のエンテロトキシンは熱に強いので、毒素が作られた食品は220～250℃で30分以上加熱してやっと無毒になる。

Q063
□□□
出る！
ボツリヌス菌は、偏性嫌気性菌なので酸素がない状態でも菌は増殖する。

Q064
□□□
ボツリヌス菌は増殖するとき、極めて猛毒の毒素を産生する。フグ毒に比べても毒性は高い。

Q065
□□□
ボツリヌス菌食中毒の症状は、食中毒の典型の嘔吐や下痢症状はほとんどなく、神経症状が発症する。

Q066
□□□
乳児ボツリヌス症は、はちみつのボツリヌス菌が乳児の大腸で毒素を産生して発症する。乳児だけにみられる症状である。

得点アップのツボ！ ボツリヌス菌は土、動物の排泄物、海や川の汚泥に由来する偏性嫌気性菌です。レトルト食品、缶詰、びん詰も原因食品となります。

A061

黄色ブドウ球菌食中毒の予防法は、①手指、顔に<u>化膿巣</u>がある者には調理をさせない、②食品に直接手を触れない、③鼻・口腔・咽頭に菌が存在するため、調理従事者は<u>**マスク**</u>、<u>**帽子**</u>、<u>**作業衣**</u>、<u>**手袋**</u>を着用する、である。

 A062

エンテロトキシンは、熱に<u>強い</u>。<u>220〜250</u>℃、<u>30</u>分以上加熱しないと無毒にならない。

 A063

ボツリヌス菌は、<u>偏性嫌気性</u>で芽胞を作る。<u>酸素</u>がない状態（密閉包装、缶詰、びん詰など）で菌は増殖する。

 A064

ボツリヌス菌は増殖するとき、極めて猛毒の<u>毒素</u>を産生する。致命率が著しく高い。ボツリヌス菌は、フグ毒より毒性が強い。

 A065

ボツリヌス菌食中毒の症状は、食中毒の典型症状の嘔吐や下痢ではなく、<u>神経マヒ</u>である。<u>構音障害</u>（舌のもつれ、言語障害）、<u>眼症状</u>（複視、視力低下、眼瞼下垂）、えん下障害、顔面マヒ、呼吸困難などの神経症状が現れ、<u>死亡</u>することもある。

 A066

生後<u>1</u>週から<u>12</u>ヵ月の<u>乳児</u>だけに特異的に発症し、致命率も高い。<u>はちみつ</u>に混入したボツリヌス菌の<u>芽胞</u>が乳児の大腸で増殖して、毒素を産生する。

得点アップのツボ！ ボツリヌス毒素は、フグ毒よりも猛毒です。

Q067
□□□
大腸菌は、人や温血動物の腸管に生息する。多くの種類があり、大部分は病原性を持たない菌である。

Q068
□□□
腸管出血性大腸菌食中毒の原因食品には食肉、野菜があり、井戸水でも発生している。

Q069
□□□
出る!
腸管出血性大腸菌に関する次の記述は、すべて正しい。
(1)人の腸管でベロ毒素を産生する。
(2)感染症法では、1類感染症に分類されている。
(3)菌量が10〜100個のわずかでも発症する。

Q070
□□□
腸管出血性大腸菌の患者は、就業制限の対象となる。

Q071
□□□
出る!
腸管出血性大腸菌は、溶血性尿毒症症候群(HUS)や脳障害を併発するが、死亡例はない。

Q072
□□□
ウエルシュ菌食中毒の症状は嘔吐や神経症状であり、発熱も起こり、死亡例がある。

Q073
□□□
ウエルシュ菌食中毒の原因食品は、加熱調理後、室温放置したカレーやシチューである場合が多い。

166　**得点アップのツボ!** 感染症法では、腸管出血性大腸菌は3類感染症に分類されています。

A067
○

大腸菌は、<u>人</u>や温血動物の腸管に生息する。多くの種類があるが、大部分の大腸菌は病原性を持たない。

A068
○

腸管出血性大腸菌には**O157**、**O111**、**O26**などがある。腸管に存在し、食肉加工の際の<u>食肉</u>や<u>水</u>、<u>野菜</u>が原因食品となる。

A069
×

（1）の、人の腸管で**ベロ毒素**を産生するは正しい。（2）が誤り。感染症法の**3類**感染症に分類されている。（3）は、<u>微量菌</u>で菌量が10～100個でも発症するので正しい。

A070
○

腸管出血性大腸菌は<u>人</u>から<u>人</u>へと**2次感染**するので、**感染症法**で**3**類に規定されており、保菌者は<u>就業制限</u>の対象となっている。

A071
×

腸管出血性大腸菌食中毒の主な症状は、激しい**腹痛**と下痢（**赤痢様出血性**下痢）。乳幼児や高齢者では**HUS**や**脳障害**を併発し、<u>死亡</u>することもある。

A072
×

ウエルシュ菌食中毒の主な症状は**水様性下痢**、**腹痛**で、嘔吐や発熱はまれであり、<u>死に至る</u>ことはない。

A073
○

ウエルシュ菌は耐熱性の**芽胞**を生成するので、加熱調理した<u>カレー</u>や<u>シチュー</u>中でも生存して、食中毒の原因となる。大規模食中毒事例になることが多い。

得点アップのツボ！ ウエルシュ菌食中毒は、深鍋で作り置きしたカレーやシチューが原因となることが多いものです。

167

Q074

出る！

細菌性食中毒の予防には、つけない、増やさない、殺菌する、の3原則がある。

Q075

ノロウイルス食中毒の原因食品は、牡蠣（かき）が多く、それ以外の食品からはほとんど食中毒は発生していない。

Q076

ノロウイルス食中毒に関する次の記述は、すべて正しい。
（1）冬季に集中的に発生する。
（2）患者の排泄物から2次感染する。
（3）アルコール消毒では不活化しない。

Q077

ノロウイルスは、インフルエンザウイルスと同じように飛沫（ひまつ）感染する。

Q078

フグ毒のテトロドトキシン（TTX）は海洋細菌に由来する食物連鎖により産生されるもので、フグだけでなく、ほかの海洋生物にも確認されている。

Q079

出る！

フグ毒は酸や熱に強いので、加熱調理で無害化できない。

Q080

フグ毒の症状は、しびれ、運動・言語障害などの神経症状が発症し、死亡することもある。

168

得点アップのツボ！ ノロウイルスの消毒には、塩素剤での消毒が有効です。調理に使用した器具や食器は、塩素系消毒剤で十分に消毒します。

細菌性食中毒予防の3原則は、①つけない（調理器具・容器、調理従事者、施設の清潔衛生）、②増やさない（温度管理、迅速）、③殺菌する（加熱調理、消毒・滅菌）である。

ノロウイルス食中毒の原因食品は、牡蠣だけでなく、**複合調理品**、**給食のパン**、**まんじゅう**など多様な食品であり、2次感染する。

（1）は、**冬季**に集中的に発生するので正しい。（2）は、患者の**排泄物**から2次感染するので正しい。（3）は、ノロウイルスは**アルコール消毒**では効果がないので正しい。**塩素消毒剤**（次亜塩素酸ナトリウムなど）で不活化する。

ノロウイルスは感染力が強く、**排泄物**からの2次感染や、ノロウイルスが空気に拡散して**飛沫感染**する場合もある。

フグ毒の**テトロドトキシン**（TTX）は、**海洋細菌**が産生する毒素が食物連鎖によって蓄積されたもの。そのため、TTXはフグに限らず、ほかの生物にも存在する。

TTXは水に**不溶**で酸、**熱**にも安定な物質であり、**加熱処理**では無毒化できない。

フグ毒は食後**30分〜3**時間で発症する。症状は唇や手指の**しびれ**、頭痛、**四肢**のマヒ、運動・言語障害といった神経症状が起こり、**呼吸困難**により死亡する。

Q081 □□□

イシナギ中毒は、イシナギの肝臓のビタミンAが原因で発生する、ビタミンA過剰症である。

Q082 □□□

シガテラ中毒では、ドライアイスセンセーションという症状が発生する。

Q083 □□□
出る!

貝毒による食中毒は、麻痺性、下痢性ともに死亡例がある。

Q084 □□□
出る!

次の植物と自然毒の組み合わせは、すべて正しい。
（1）じゃがいもの芽——ソラニン
（2）トリカブト————アコニチン
（3）イヌサフラン———コルヒチン

Q085 □□□

梅の有毒成分である青酸配糖体は、未熟な果実である青梅の実にだけ含まれている。

Q086 □□□
出る!

毒きのこの有毒成分は、加熱すれば分解する。

Q087 □□□

赤身の魚の加工品でアレルギーとよく似た症状を起こす食中毒を、アレルギー様食中毒という。

得点アップのツボ 有毒植物の有毒成分は、主に配糖体やアルカロイドです。両者とも中枢神経系症状を発症し、死亡することもあります。

A081
○

イシナギ中毒は、魚のイシナギの**肝臓**に含まれる**ビタミンA**の過剰摂取によるものである。症状は激しい頭痛、嘔吐、発熱、頭部と顔面の**皮膚剥離**である。

 A082
○

シガテラは、サンゴ礁に生息する魚。シガテラ中毒では、**ドライアイスセンセーション**と呼ばれる冷感温度感覚の異常が発症する。毒素の産生には、食物連鎖が関係している。

 A083
×

貝類による食中毒（貝毒）には、**麻痺性貝毒**と**下痢性貝毒**がある。**麻痺性貝毒**では、**神経症状**による**死亡例**がある。**下痢性**貝毒は、消化器系症状の**下痢**や**嘔吐**で死亡例はない。

 A084
○

（1）じゃがいもは、**発芽**部分と**緑色**部分に有毒成分の**ソラニン**を含む。下痢、嘔吐、軽度の意識障害などの症状を起こす。（2）トリカブトは有毒成分の**アコニチン**により、**中枢神経マヒ**を発症する。（3）イヌサフランは有毒成分のコルヒチンにより嘔吐、下痢などを起こす。

 A085
○

梅の未熟な果実である**青梅**には、有毒成分が含まれる。有毒成分は青酸配糖体の**アミグダリン**で、呼吸困難の症状を起こす。**完熟した果肉**には含まれない。

 A086
×

毒きのこの有毒成分は、**加熱**や**冷凍**でも分解しない。中毒症状は**消化器**系障害、幻覚や**神経症状**、**コレラ**症状で、死に至ることがある。

 A087
○

赤身の魚がモルガン菌などに汚染されると、この菌が魚肉中にアレルギーの原因物質の**ヒスタミン**を生成する。**湿疹**や**頭痛**、**顔面紅潮**など、ヒスタミンによるアレルギー症状を発症するものを**アレルギー様食中毒**という。

得点アップの ツボ! 食品中のヒスタミンが原因であるアレルギー様食中毒は、ヒスタミン中毒として化学性食中毒に分類されます。

171

Q088 化学性食中毒の事例には、メチル水銀による水俣病、カドミウムによるイタイイタイ病があげられる。

Q089 ヒ素による粉ミルク事件、ポリ塩化ビフェニル(PCB)によるライスオイル事件も、化学性食中毒の事例である。

⑦食品と寄生虫

Q090 日本では、寄生虫症は過去に流行していたが、感染対策により激減した。ところが近年、また再流行がみられる。

Q091 寄生虫が成虫になり、生殖を行うことができる宿主を終宿主という。

Q092 アニサキスは、牛肉の刺し身(タタキ)など生肉を食べることで感染し、激しい胃痛が発生する。

出る!

Q093 アニサキスは、-20℃・24時間以上の冷凍処理をすると死滅する。

出る!

得点アップの ツボ! 寄生虫については、①感染源(食品)、②中間宿主と終宿主、③人は中間宿主か終宿主か、④症状の特徴を確認しましょう。

化学性食中毒は、**有害化学物質**を含む食品の摂取で発生する。**有機水銀（メチル水銀）**を含む魚介類が原因の**水俣病**、**カドミウム**を含む農水産物が原因の**イタイイタイ病**などがある。

ヒ素が混入した乳児用粉ミルクが原因の化学性食中毒には、**森永ヒ素ミルク**事件が、**PCB**が混入した食用米ぬか油（ライスオイル）が原因の化学性食中毒には、**カネミ油症（ライスオイル）**事件がある。

1950年頃までは野菜の肥料として**し尿**が使用されていたため、**回虫**の感染率が国民の**70**%ほどであった。化学肥料の普及や衛生状態の向上で寄生虫の感染は激減したが、現在、**海外渡航**、輸入食品、**ペットブーム**、**グルメブーム**などで寄生虫症が再流行している。

寄生虫が成虫に成長し、**生殖**により子どもを生むことができる宿主を**終宿主**、終宿主の前段階の宿主を**中間宿主**という。

終宿主（クジラ、イルカ）の糞便中の虫卵は、**第1中間宿主**のオキアミに摂食され、オキアミを食べたサバ、スルメイカ、アジ、ニシン、タラなどの海産魚介類が**第2中間宿主**となる。この**第2中間宿主**の魚介類を人が食べても、幼虫は人の体内では**成虫**になれない。幼虫は奥まで入ろうとして胃壁に頭部を入れるため、激しい**上腹部痛**や**胃痛**が発生する。

アニサキスは**冷凍**に弱く、**−20**℃・**24**時間以上で死滅する。**熱**にも弱く、**70**℃では瞬時に死滅する。アニサキスの予防には、冷凍や加熱が有効である。

得点アップのツボ! 人体寄生虫の1つである蠕虫類（ぜんちゅうるい）は、①条虫類、②吸虫類、③線虫類に分けられます。

Q094

魚のヒラメの筋肉に寄生するクドアは、肉眼で確認できる。

Q095

2022年の食中毒統計の病因別発生件数をみると、第1位は寄生虫の回虫である。

Q096

顎口虫（がっこうちゅう）の終宿主は人ではないので、人の体内では幼虫のままである。

Q097

ドジョウの踊り食いをすると、顎口虫に感染する場合が多い。

Q098

肝吸虫（肝ジストマ）は、コイのあらいなど、淡水産魚の生食で感染する。終宿主はカモなどの水鳥である。

出る！

Q099

日本海裂頭条虫の寄生率が高いものは、（1）である。
（1）タラ
（2）サクラマス
（3）マグロ

Q100

ウェステルマン肺吸虫は、モクズガニを使ったみそ汁のおぼろ汁から感染する場合が多い。

得点アップのツボ！ 養殖ヒラメから感染するクドアによる寄生虫症が2013年以降、報告されているので注意しましょう。

クドアは可視できないので、**顕微鏡**で識別する。クドアは近年、患者が急増している。

 2022年では**アニサキス**が第1位で、食中毒件数の約48%を占めている。

 顎口虫の第1中間宿主は**ケンミジンコ**、第2中間宿主は**淡水魚**、両生類。終宿主は**イヌ**、**ネコ**など。人は**終宿主**ではないので、人の体内では成虫になれず、幼虫のまま皮膚の下をはい回る**幼虫移行症**になる。

 顎口虫は、第2中間宿主である淡水魚である**ドジョウ**の「踊り食い」で感染することが多い。**皮膚のみみずばれ**や**かゆみ**、**目や脳の障害**が発生する。

 肝吸虫の第1中間宿主は**マメタニシ**、第2中間宿主は淡水産の**コイ**科の魚類である。終宿主は**人**で、肝臓、胆管に寄生する。淡水産の魚類の生食、**うろこの飛び散り**に注意する。

 日本海裂頭条虫は**サナダムシ**ともいう。第1中間宿主は**ケンミジンコ**、第2中間宿主は**サケ**、**マス**で、特に**サクラマス**の寄生率が高い。終宿主である**人**の体内では3～8mにまで成長し、**軽度の消化器官障害や貧血**などを起こす。

 ウェステルマン肺吸虫は、第2中間宿主である**モクズガニ**のみそ汁（おぼろ汁）で感染することがある。感染すると、**肺結核様**の症状が現れる。

得点アップの ツボ！ 日本海裂頭条虫は、別名「広節裂頭条虫」ともいいます。

Q101

次の食肉から感染する寄生虫の組み合わせは、すべて正しい。
(1) 有鉤条虫（ゆうこうじょうちゅう）————ブタ、イノシシ
(2) 無鉤条虫（むこう）————ウシ
(3) トキソプラズマ————ウマ

Q102

次の寄生虫症の組み合わせで、誤っているものは(2)である。
(1) イカの刺し身—— 上腹部の激しい痛み —— アニサキス
(2) 生の豚肉————肝臓障害————肝吸虫（肝ジストマ）
(3) 淡水産のカニ—— 肺結核様の症状————ウェステルマン肺吸虫

Q103

出る！

妊婦が原虫のクリプトスポリジウムに初感染すると、流産や死産となる危険性が高い。ネコは終宿主なので、妊婦はネコの飼育に注意することが望ましい。

Q104

回虫の虫卵は、野菜に付着する。100℃以上で5分以上加熱調理しないと、虫卵は死滅しない。

Q105

ズビニ鉤虫（こうちゅう）に感染すると、貧血や異味症などを引き起こす。野菜から感染することが多い。

Q106

エキノコックスの終宿主はキタキツネであるが、人に感染した場合、腎障害を発症する。

得点アップの
ツボ！
人体寄生虫の1つである原虫類は微生物で、赤痢アメーバ、トキソプラズマなどがあります。

A101
×

有鉤条虫の中間宿主は、**ブタ**や**イノシシ**である。終宿主は**人**で、小腸に寄生する。幼虫が**脳**や**心臓**に障害を起こすこともある。無鉤条虫の中間宿主は**ウシ**である。腹痛、下痢が起こる。トキソプラズマの中間宿主は**ブタ**である。寄生部位は**脳**や**リンパ節**。（3）が誤り。

A102
○

肝吸虫は、**コイ**などの淡水産の魚から感染する。

A103
×

原虫である**トキソプラズマ**に**妊婦**が初めて感染すると、胎盤を通って胎児に感染して**流産**や**死産**を起こす。胎児に**先天性トキソプラズマ症**を発症させる場合もある。**ネコ**が終宿主なので、妊婦はネコの飼育に注意することが望ましい。

A104
×

回虫は、**野菜**から感染する寄生虫である。虫卵は**低温**、**乾燥**には強い。一方、熱に弱く、**70℃・数秒**で死滅するので、加熱調理は予防対策として有効である。

A105
○

感染者の糞便中のズビニ鉤虫の虫卵がふ化して幼虫になり、この幼虫が付着している**野菜**を食べて感染する。生の豚肉からは感染しない。人の小腸から吸血するので**貧血**が起きたり、土・紙・チョークなどを食べる**異味症**になったりする。

A106
×

エキノコックスの終宿主は、**キタキツネ**である。人は終宿主ではないが、感染すれば**肝臓**で幼虫のまま増え、肝臓障害が進行して、肝がんのような症状になる。

得点アップの ツボ！ 有鉤条虫は豚肉から、無鉤条虫は牛肉から感染します。名前が似ているので、注意して覚えましょう。　177

❽食品添加物

Q107
☐☐☐

食品衛生法では、食品添加物を「食品の製造過程において又は食品の加工もしくは(a)の目的で、食品に(b)、混和、(c)その他の方法によって使用するものをいう」と定義している。( )内に入る語句の正しい組み合わせは(2)である。

(1) a. 調理　　b. 添付　　c. 浸透
(2) a. 保存　　b. 添加　　c. 浸潤

Q108
☐☐☐
出る!

厚生労働大臣が安全性や有効性を確認して指定した添加物を、指定添加物という。

Q109
☐☐☐

食品添加物公定書には、食品添加物の製造基準、成分規格、保存基準、検査方法、表示基準について記載されている。

Q110
☐☐☐

天然添加物は長年使用されて安全性が確認されているので、表示しなくてもよい。

Q111
☐☐☐
出る!

食品に使用した食品添加物は、使用量の多いものだけを表示すればよい。

Q112
☐☐☐
出る!

食品添加物の表示が免除されるのは、表示面積の小さい包装食品のみである。

得点アップのツボ! 身近にある食品について、表示を見ましょう。添加物やアレルゲンが表示されているか、自分の目で確かめることは勉強になります。

A107
○

食品衛生法では、食品添加物は、食品製造の過程、加工、保存の目的で食品に添加、混和、浸潤、その他の方法によって使用するものと定義される。

A108
○

安全性を評価された添加物について、厚生労働大臣が確認し指定したものを指定添加物という。

A109
○

食品添加物は製造基準、成分規格、保存基準、検査方法などが定められている。この基準、規格、検査方法を記載しているものが食品添加物公定書である。

A110
✕

食品衛生法で、食品添加物は原則としてすべて表示しなければならないことが決められている。

A111
✕

食品衛生法で、食品に使用した食品添加物は原則としてすべて表示しなければならないと定められている。食品表示は、消費者庁の管轄である。

A112
✕

食品添加物の表示が免除されるのは、①加工工程で使用されるが最終食品中に残存しないもの、②原料に含まれるが加工した食品中には微量で効果がみられないもの（キャリーオーバー）、③バラ売りのもの、④表示面積が狭いもの、小包装のもの、⑤栄養強化剤（健康増進法で表示する）、である。

得点アップのツボ！ 食品添加物の安全性の評価は、マウスなどを用いた毒性試験から判定します。各添加物には、1日摂取許容量（ADI）が決まっています。

Q113 食品添加物の安全性の評価は、内閣府の食品安全委員会で行われている。

Q114 人の1日摂取許容量（ADI）は、食品添加物の無毒性量の10分の1の値で表す。

Q115 ADIとは、人がその食品添加物を一生涯食べ続けても健康に影響しない1日の摂取許容量をいう。ADIは、体重10kgあたりのmg数で表される。

出る！

Q116 厚生労働省が定めた食品添加物の使用基準は、1日に摂取する食品添加物の総計がADIを下回る量になるように定めている。

Q117 防カビ剤（防ばい剤）のオルトフェニルフェノール（OPP）を使用できる食品は、柑橘類と定められている。

Q118 次の食品添加物と成分、食品との組み合わせは、すべて正しい。
（1）保存料————ソルビン酸————かまぼこ
（2）防ばい剤——イマザリル————柑橘類
（3）発色剤————亜硝酸ナトリウム——ソーセージ

Q119 次のうち、食品添加物と使用目的との組み合わせで誤っているものは（1）である。
（1）乳化剤————食品のpHを調節して品質をよくする
（2）被膜剤————食品の水分の蒸発を防ぐ
（3）酸化防止剤——食品の酸敗を防ぐ

得点アップのツボ！ 添加物の毒性試験は、動物実験で一般毒性試験（添加物の反復投与試験）と特殊毒性試験（発がん性、催奇性、繁殖試験など）を行います。

A113 ○ 食品添加物の安全性の評価など、食品の**リスク評価**は、**内閣府**の**食品安全委員会**が行っている。

A114 × 食品添加物は**動物実験**で毒性試験を行い、安全性を評価する。毒性試験から添加物の**無毒性量**を求め、これに**安全率**の100分の1を掛けたものが人の**ADI**である。

A115 × ADIは、**食品添加物**の人体に対する安全性を評価する指標となるものである。人がその**添加物**を一生涯にわたり毎日摂取し続けても、健康に影響が出ない添加物量を1日摂取許容量（ADI）という。体重**1**kg当たりのmgで表す。

A116 ○ 実際に人が摂取する食品添加物が多岐にわたるので、健康に悪影響が出ないように、使用基準が**ADI**よりも低く設定されている。

A117 ○ OPPは、**柑橘類**のみの使用が認められている。

A118 ○ （1）保存料は**微生物**の増殖を抑制、（2）防ばい剤は**かび発生**の抑制、（3）発色剤はソーセージやハムなどの色調を安定させる。

A119 ○ （1）の乳化剤は、水と油を**均一に混ぜ合わせる**目的で使用する。食品のpHを調整し、品質をよくする目的で使用するのは**pH調整剤**である。

得点アップのツボ！ 安全率は、人と実験動物との種の差や、人の個人差を考慮して、100分の1としています。

181

Q120
□□□
食品添加物のうち、品質保持剤には使用量の制限がない。

❾器具・容器包装の衛生

Q121
□□□
農水産業で食品の採取に供される器具・機械は、食品を扱うので食品衛生法で定義されている器具に含まれる。

Q122
□□□
食品衛生法では、器具・容器包装による食品汚染を防止することを規定している。

Q123
□□□
陶磁器についての組み合わせの記述で、誤っているものは（1）である。
（1）陶器――吸水性なし、透光性なし――志野焼
（2）磁器――吸水性なし、透光性あり――マイセン焼

Q124
□□□
ほうろう引きは、陶磁器の表面を特殊ガラスで処理したものである。

Q125
□□□
次の食器の洗浄方法に関する次の記述は、すべて正しい。
（1）金属製の調理器具の汚れを落とす際には、漂白剤の使用は避ける。
（2）木製の食器は、長時間水につけて、水を吸収させてはいけない。

❿食品安全対策

Q126
□□□
食品衛生行政の第一線の機関は、厚生労働省である。

得点アップのツボ 陶器（土もの）は吸水性があり、たたくと濁った音がします。磁器（石もの）は吸水性がなく、たたくと澄んだ音がします。

A120 × 品質保持剤は、食品の保湿や食感をよくする効果がある。プロピレングリコールがあり、**シュウマイ**や**ワンタン**の皮などに使われる。使用量の制限がある。

A121 × 食品衛生法では、**農水産物**を直接とるための器具や機械は対象にならない。食品衛生法の所管は**厚生労働省**、農水産物は**農林水産省**の所管となるためである。

A122 ○ 食品衛生法では、器具・容器包装による食品汚染防止について①**清潔衛生**であること、②人の健康を損なうおそれのあるものは不可、③**規格基準**に適合しないものは不可、と規定している。

A123 ○ 陶器は、**吸水性**があるのが特徴。陶器は、透光性はなく、吸水性があり、たたくと**濁った音**がする。**瀬戸焼**、**織部焼**、志野焼があげられる。透光性があり、吸水性はなく、たたくと澄んだ音がするのは**磁器**で、**マイセン焼**や**京焼**が挙げられる。

A124 × ほうろう引きは**ステンレス鋼**、**鉄**、**アルミ**などの金属の表面を**特殊ガラス**で処理したもので、**耐食性**に優れている。

A125 ○ （1）漂白剤は**金属**を変色させるので、使用は避ける。（2）木製の食器は水がしみ込みやすいので、長時間水につけておかない。

A126 × 食品衛生行政の第一線の機関は**保健所**であり、**地域**の保健衛生活動を担っている。

得点アップの ツボ！ 容器によく使用されるプラスチックは、軽量で耐食性に優れ、安価で大量生産が可能ですが、種類により耐熱性などが異なります。

Q127
出る!

大部分の食品衛生監視員は、保健所に所属している地方公務員で、食品業者への立ち入り検査や指導などを行う権限を持つ。

Q128
出る!

営業施設で営業許可が必要な業種では、都道府県知事の定める施設基準に適合しないと、営業が許可されない。

Q129

食品衛生法では、冷凍食品の保存温度は−20℃以下と定められている。

Q130

食品調理施設の床面は、常に床面が乾いた状態で作業するドライ方式が望ましい。

Q131

「大量調理施設衛生管理マニュアル」は、同一メニューで1回300食または1日750食以上の食事を提供する施設が対象である。

Q132

HACCPとは、1960年代に米国内の病院食を安全に提供するために考案された食品衛生管理システムをいう。

Q133

消毒とは、すべての微生物を殺滅して無菌状態にすることをいう。

得点アップの
ツボ! HACCPは、アメリカのNASAで高い安全性が要求される宇宙食を開発する際に考え出された、食品製造の管理システムです。

食品衛生監視員は、地方自治体の保健所や国の検疫所に所属して、食品製造工場などの食品衛生監視業務、検査業務などにあたる。

食品営業施設で、営業許可が必要な業種では、都道府県知事が定める施設基準に適合しないと営業が許可されない。

食品衛生法では、冷凍食品の保存は−15℃以下と定めている。なお、業界自主規準およびコーデックス規準では−18℃を採用している。

食品調理施設の床面はドライ方式が望ましい。床面が乾いていれば細菌が増殖しにくく、水の飛沫による2次汚染を防止できる。

「大量調理施設衛生管理マニュアル」は、同一メニューで1回300食または1日750食以上の食事を提供する施設が対象で、HACCPに準拠した衛生管理を行う。給食施設での大規模食中毒を予防するために、厚生労働省が定めたものである。

HACCPとは、危害分析（HA）重要管理点（CCP）ともいう。1960年代に、米国NASAで宇宙食製造のために考案された食品衛生管理システムをいう。

消毒とは、対象となる微生物を減少または殺滅することで、無菌状態にすることではない。一方、滅菌はすべての微生物を殺滅して無菌状態にすることである。

得点アップのツボ！ 1995（平成7）年に食品衛生法が改正され、「総合衛生管理製造過程の承認制度」として、日本にHACCPの概念が取り入れられました。

185

Q134

☐☐☐

出る!

HACCPは、食品製造工程で発生する危害を分析（HA）して、各工程の中で重点的に衛生管理を行う点を設定し（CCP）、これに基づき各工程管理を実施し、記録・保存するシステムをいう。

Q135

☐☐☐

大量給食施設での検食は、原材料・食品ごとに100gずつ清潔な容器に入れ、−20℃で2週間以上保存することが定められている

Q136

☐☐☐

オゾン水は、残留効果が低いのでカット野菜の消毒には適している。

Q137

☐☐☐

出る!

63〜65℃で30分以上加熱する低温殺菌法を、パスツリゼーションという。

Q138

☐☐☐

加圧すると、水は沸点を超えた高い温度になる。これを利用したものがレトルト殺菌である。

Q139

☐☐☐

殺菌灯による殺菌法は、赤外線を照射して熱で殺菌する方法をいう。

Q140

☐☐☐

放射線殺菌は、日本ではじゃがいもの発芽防止のため、X（エックス）線を照射することだけが認められている。

得点アップのツボ! パスツリゼーションは、フランスの細菌学者のパスツールがワインの腐敗防止のために開発した方法です。

186

A134
○

HACCPは危害分析重要管理点といい、食品製造工程中で発生する<u>危害を分析</u>（<u>HA</u>）し、特に重点的に<u>衛生管理</u>を行う点を設定（<u>CCP</u>）する。これを実施し、記録・保存すれば、最終製品の検査をしなくても安全性が確保できるシステムである。

A135
×

検食では、原材料の洗浄・消毒を行わず、原材料・食品ごとに<u>50g</u>ずつ清潔な容器に入れ、<u>−20℃</u>で<u>2</u>週間以上保存することが定められている。

A136
○

オゾン水中のオゾンは、分解しやすく食品中には<u>残留</u>しないので、カット野菜の消毒に利用されている。

A137
○

パスツリゼーションは<u>低温殺菌法</u>ともいい、<u>63〜65℃</u>で<u>30</u>分以上加熱する方法である。低温で加熱するので、<u>牛乳</u>や<u>ワイン</u>などの風味の劣化や、<u>たんぱく質</u>の変質などを防ぐ。ただし、<u>無菌状態ではない</u>。

A138
○

加圧すると水の沸点は上がる。<u>加圧加熱釜</u>（レトルト釜）で沸点を上げて殺菌する方法が<u>レトルト殺菌</u>で、沸点が<u>100</u>℃以上になるため、耐熱性菌の殺滅に有効である。

A139
×

殺菌灯による殺菌法では、<u>紫外線</u>を照射する。<u>紫外線</u>の波長によって細菌のDNAを破壊して殺菌する方法である。<u>照射した表面にしか効果がないこと</u>、<u>人体に影響があること</u>など、使用に注意しなければならない。

A140
×

放射線による殺菌は、<u>γ（ガンマ）</u>線を利用する。日本では、食品衛生法で<u>じゃがいもの発芽防止</u>の目的のみに許可されている。

物理的消毒法として、紫外線があります。照射した表面にしか効果がない、食肉を変色させるなど、使用には注意が必要です。

Q141 逆性せっけんは、普通のせっけんと同時に使用すると殺菌効果が弱くなる。

Q142 アルコール消毒剤よりも塩素剤のほうが、ノロウイルスの消毒に効果がある。

Q143 食品の鮮度判定で、鮮度の悪い食品についての次の記述はともに正しい。
(1)鶏卵は割ったときに、卵黄と卵白が広がる。
(2)肉類は、pH（水素イオン濃度）が高くなる。

⑪食品表示法

Q144 次の組み合わせは、すべて正しい。
(1)消費期限——保存方法に従い、保存された未開封の食品が腐敗、変敗することなく、食中毒などが発生するおそれがないと認められる期限。
(2)賞味期限——その食品として期待されるすべての食品特性を十分保持すると認められる期間。

Q145 生体輸入（生きたまま輸入）された家畜は、外国での飼養期間より日本国内での飼養期間が長い場合でも、家畜の原産地が外国なので、外国産と表示しなければならない。

Q146 アレルゲン表示で、マヨネーズは卵が含まれていることを容易に判別できるので、卵を含むと表示する必要はない。

Q147 容器包装された食品は、名称、消費・賞味期限、製造者名などを表示しなければならない。

得点アップの**ツボ！** 賞味期限はハムや缶詰、菓子など、冷蔵や常温で保存ができる食品に表示されています。おいしく食べられる期間です。

A141 ○

<u>陽イオン界面活性剤</u>の逆性せっけんは、<u>陰イオン界面活性剤</u>の通常のせっけんと併用すると、殺菌効果が<u>弱く</u>なる。

A142 ○

<u>次亜塩素酸ナトリウム</u>などの塩素剤は、<u>ノロウイルスを不活化</u>する効果がある。アルコール消毒剤は、ノロウイルスの不活化には効果がない。

A143 ○

肉類は鮮度が悪くなると、pHが<u>高く</u>なる。

A144 ○

<u>賞味期限</u>は、その食品として期待されるすべての食品特性を十分保持すると認められる期間。<u>消費期限</u>は、保存方法に従い、保存された未開封の食品が腐敗、変敗することなく、食中毒などが発生するおそれがないと認められる期限。賞味期限とは、おいしさなどの<u>品質</u>が保てる期間をいい、消費期限とは<u>安全</u>に食べられる期間をいう。

A145 ✕

外国での飼養期間より日本国内での飼養期間が長い場合、<u>国産</u>と表示できる。

A146 ✕

アレルゲン8品目(<u>エビ、カニ、小麦、そば、卵、乳、落花生、くるみ</u>)が当然含まれていると予測される、マヨネーズの<u>卵</u>、うどんやパンの<u>小麦</u>も表示する必要がある。

A147 ○

<u>食品表示法</u>により、容器包装された食品は、<u>名称</u>、<u>消費・賞味期限</u>、<u>製造者名</u>などを必ず表示することが決められている。

得点アップのツボ! 消費期限は生菓子や弁当など、品質状態が急速に劣化する食品に表示されています。未開封で表示どおりの保存で可食できる期間です。

試験勉強のポイント！

● 調理技術に関する原理を知り、調理技術の習得を速やかにする
● 食品の知識や器具など調理で扱うもの、加熱調理、非加熱調理の基本技術、調理による食品成分の変化など、幅広い知識が必要になる

1 調理の基礎

① 調理の目的 （CHECK! □□□）

• 有害物、不要なものを取り除き、<u>衛生上の危険</u>を防ぐこと。
• 食べやすく、消化・吸収を良好にして<u>栄養効果</u>を高めること。
• 食欲を増すよう<u>風味</u>をよくし、<u>外観</u>を美しくすること。
• <u>貯蔵性</u>を高めること。

② 食物のおいしさを構成する要因 （CHECK! □□□）

食物のおいしさを構成する要因は、<u>食物</u>の側と<u>食べる人</u>の側の2つに分けられる。食物の側にある要因には、化学的要因(<u>味覚</u>、<u>嗅覚</u>)、物理的要因(<u>温度</u>、<u>テクスチャー</u>、<u>外観</u>、音)がある。

食べる人の側にある要因には、心理的要因(<u>感情</u>、<u>緊張</u>)、生理的要因(<u>食欲</u>、<u>空腹感</u>、<u>健康状態</u>)、先天的要因(<u>人種</u>、<u>民族</u>)、後天的要因(<u>気候</u>、<u>風土</u>、<u>習慣</u>)、環境的要因(<u>食文化</u>、<u>室内装飾</u>)がある。

③ 調理の五法 （CHECK! □□□）

調理には、次の5つの調理法がある。

覚える！ 調理五法 関連用語

<u>生(切る)</u>	<u>刺し身</u>、<u>生野菜</u>、<u>ジュース</u>など加熱しない調理。
<u>煮る</u>	煮物。食材を<u>水分</u>と調味料で加熱する調理。
<u>蒸す</u>	蒸し物。食材を<u>蒸気</u>で加熱調理。
<u>焼く</u>	焼き物。食材を<u>直火</u>または<u>間接的</u>に加熱する調理。
<u>揚げる</u>	揚げ物。食材を<u>油</u>で加熱する調理。

ゴロで覚える！ 調理の五法
調理の五法に悩む兄。
生、焼く、蒸す、揚げる、煮る

④調理の五味　(CHECK! ☐☐☐)

五味とは**甘味、酸味、塩味、苦味、うま味**のこと。このほかに辛味やえぐ味などもある(58ページも参照)。五味のなかでは特に甘味、酸味、塩味の３つについては確実に覚えておきたい。

覚える！ 調理の五味　関連用語

甘味	**ショ糖、果糖、ブドウ糖**などの糖類。糖類以外の甘味物質には、**ステビオサイド、グリチルリチン、アスパルテーム**などがある。
酸味	**水素イオン**の呈する味。食品中に**有機酸**として含まれる。
塩味	**塩化ナトリウム**が代表的。ナトリウムを制限する食事では、**塩化カリウム**が代用されることもある。
苦味	茶・コーヒーは**カフェイン**。ココア・チョコレートは**テオブロミン**。柑橘類は**ナリンギン**や**リモニン**。ビール(ホップ)は**フムロン**。
うま味	感じさせる成分は、こんぶの**グルタミン酸**、煮干し・かつお節の**イノシン酸**、干ししいたけの**グアニル酸**など。

第5章 調理理論　試験勉強のポイント

⑤味の相互作用　(CHECK! ☐☐☐)

味は、２種類以上が混ざると感じ方が変わる。

覚える！ 味の相互作用　関連用語

効果	味	変化	例
対比効果 出る！	**甘味＋塩味(少)**	甘味を**強める**	**汁粉**
	うま味＋塩味(少)	うま味を**強める**	**すまし汁**
抑制効果 出る！	**苦味＋甘味**	苦味を**弱める**	**コーヒーに砂糖**
	酸味＋甘味 **酸味＋塩味**	酸味を**弱める**	**酢の物**
相乗効果 出る！	**グルタミン酸 ＋ イノシン酸**	うま味が強まる (相互に強め合う)	**こんぶとかつお節のだし**

味の相互作用
隊強く、強く、弱そうなツヨシ似合う？
対比効果、強く、抑制効果、弱く、相乗効果、強め合う

2 調理による成分変化

①でんぷんの性質 （CHECK! □□□）

でんぷんは調理によって<u>分子構造</u>に変化が表れ、<u>糊化（α化）</u>、<u>老化（β化）</u>する。また、多糖類の<u>でんぷん</u>が酵素によって、二糖類の<u>麦芽糖</u>や単糖類の<u>ブドウ糖</u>にまで分解されることを<u>でんぷんの糖化</u>という。それぞれの変化の条件と、防止について覚えよう。

> **覚える！** でんぷんの変化 関連用語

<u>糊化</u> （α化）	<u>でんぷん</u>は、生で食べると酵素が作用しにくく消化がよくないが、<u>水</u>と<u>熱</u>を加えることで分子構造がゆるんで大きく膨らみ<u>粘性</u>を持つ。この状態を糊化（α化）といい、糊化したでんぷんを<u>糊化でんぷん</u>という。
<u>老化</u> （β化）	<u>糊化でんぷん</u>を放置しておくと、粘りがなくなりかたくなる。この状態変化をでんぷんの<u>老化（β化）</u>という。 でんぷんの老化は、<u>60</u>℃以上または<u>0</u>℃以下、もしくは水分を<u>15</u>％以下にして保存すると、ある程度防ぐことができる。また、<u>砂糖</u>の濃度が高い場合も防ぐことができる。
糖化	<u>多糖類</u>のでんぷんが、酵素の作用によって単糖類の<u>ブドウ糖</u>、二糖類の<u>麦芽糖</u>にまで<u>分解</u>されることを糖化という。たとえば、石焼きいもはゆっくり加熱することで酵素（<u>β-アミラーゼ</u>）が働いて、<u>麦芽糖</u>が多く生成され、甘くなる。

②脂質の性質 （CHECK! □□□）

通常の状態では油と水は混じり合わないが、<u>乳化剤（界面活性剤）</u>を介すると<u>エマルション（乳化状態）</u>を作る。また、調理に使う油脂は温めると、高温になるという性質がある。

> **覚える！** エマルションと変性 関連用語

<u>水中油滴型</u>	<u>水</u>中に、油の粒が分散したもの。<u>マヨネーズ</u>、牛乳、生クリーム。
<u>油中水滴型</u>	<u>油</u>中に、水の粒が分散したもの。<u>バター</u>、マーガリン。
調理にみられる変性	高温が得られる。油中加熱は<u>160</u>〜<u>190</u>℃。

ゴロで覚える！ でんぷんの変化
臀部で粘って老化まで10日。
糊化、老化、糖化

③たんぱく質の性質　(CHECK! □□□)

　たんぱく質は、調理で行われる加熱、乾燥、撹拌、混合などの物理的要因、酸性、アルカリ性によるpHの変化、塩類の添加などの化学的要因によって変性を起こす。

覚える！ たんぱく質の変性　関連用語

熱凝固	肉や魚の加熱調理による凝固。卵料理（ゆで卵）など。
収縮	食肉の加熱による収縮（コラーゲンの収縮）。
コラーゲンのゲル化	コラーゲンは筋肉を包む膜やイカの筋線維に含まれる。短時間の加熱で収縮し、かたくなるが、水を加え70℃以上で長時間加熱すると溶解し、可溶性のゼラチンに変化する。ゼラチンゼリー、煮こごりなど。
グルテン形成	小麦粉に水を加えてこねると粘りが出るのは、小麦粉のたんぱく質（グリアジンとグルテニン）が結合してグルテンを形成するため。パン、めんなど。
アミノカルボニル反応（メイラード反応）	たんぱく質を構成するアミノ基と糖質を構成するカルボニル基が加熱により結合し、褐変する。ご飯のおこげ、コーヒー豆の焙煎など。
起泡	卵白の泡、スポンジケーキなど。
界面変性	ゆば、牛乳の加熱による皮膜など。
酸変性（酸凝固）	酸による凝固。牛乳に酸を加えると凝固が起こりヨーグルト状になり、これをしぼるとカッテージチーズができる。
塩類による凝固	マグネシウム、カルシウムなどにより、たんぱく質（グリシニン）が凝固する。にがりによる豆乳の凝固（豆腐）。
酵素による凝固	酵素が、たんぱく質のカゼインに働き、凝固させる。チーズなど。
凍結	凍り豆腐など。

第5章　調理理論

試験勉強のポイント

コロで覚える！ たんぱく質の凝固
淡白な彼も仰天、熱いマグカップと参考書。
　熱、マグネシウム、カルシウム、酸、酵素

④無機質の性質　(CHECK! □□□)

　<u>金属</u>は水に触れると、微量ではあるが溶け出す。溶け出しやすい順に、<u>アルミニウム</u>、<u>亜鉛</u>、<u>鉄</u>、<u>ニッケル</u>、<u>錫</u>、<u>鉛</u>、<u>銅</u>、<u>銀</u>である。次にあげる性質は押さえておこう。

- 野菜や果物を鉄の包丁で切ると、<u>鉄イオン</u>が野菜や果物に含まれる<u>ポリフェノール</u>を酸化する酵素の作用を促進し、野菜の切り口が<u>褐変</u>する。
- <u>カルシウム</u>や<u>マグネシウム</u>はたんぱく質の凝固を促進する。こんにゃくと肉を一緒に加熱すると、こんにゃくから<u>カルシウムイオン</u>が溶け出して、肉をかたくすることがある。
- 黒豆を煮るときに<u>鉄くぎ</u>を入れると、<u>アントシアニン</u>系の色素が固定されて<u>黒い色</u>が安定する。なすの漬け物では、<u>鉄くぎ</u>やみょうばん（<u>アルミニウム</u>）を入れて<u>紫色</u>を安定させる。

---

⑤ビタミンの性質　(CHECK! □□□)

　ビタミンには、<u>脂溶性ビタミン</u>と<u>水溶性ビタミン</u>がある。86～87ページとあわせて覚えておこう。

覚える! ビタミンの性質　関連用語

<u>脂溶性ビタミン</u>	水に溶けないので、ゆでたり煮たりしてもほとんど損失はない。<u>ビタミンE</u>は、油の酸化防止剤（<u>抗酸化剤</u>）として用いられる。
<u>水溶性ビタミン</u>	切ってから洗ったり水にさらしたりすることによって、容易に溶け出す。水を介した<u>湿式加熱</u>では、煮汁やゆで汁に溶出する。

⑥だしの素材のうま味成分　(CHECK! □□□)

　ここでは、うま味のもととなる成分を含む食品について、だしの取り方を覚えておこう。

うま味成分
ゴロで覚える! うまい！　グルグルこんぶ、具は煮たしいたけ、命のカツ煮盛んに食う。
<u>グルタミン酸</u>、<u>こんぶ</u>、<u>グアニル酸</u>、<u>しいたけ</u>、<u>イノシン酸</u>、<u>かつお節</u>

覚える! だしの成分ととり方　関連用語

こんぶ **出る!**	<u>グルタミン酸ナトリウム</u>（アミノ酸系） <u>水</u>から入れて<u>沸騰直前</u>に取り出す。または水に<u>15時間</u>くらい浸して取り出し、加熱して浮いたぬめりを取り除く。
かつお節 **出る!**	<u>イノシン酸ナトリウム</u>（核酸系）、<u>アミノ酸類</u> <u>沸騰したところに入れ、短時間加熱</u>する。
煮干し **出る!**	<u>イノシン酸ナトリウム</u>（核酸系）、<u>アミノ酸類</u> <u>水</u>から入れ、<u>15分</u>程度加熱する。または水に<u>30分</u>浸し、<u>1</u>分間加熱する。
干ししいたけ **出る!**	<u>グアニル酸ナトリウム</u>（核酸系）、<u>アミノ酸類</u> <u>ぬるま湯</u>に入れ常温でもどす。または冷蔵庫で<u>5〜8時</u>間かけてもどす。
肉	<u>イノシン酸ナトリウム</u>（核酸系）、<u>アミノ酸類</u> <u>水</u>から入れて加熱、約<u>1.5〜3</u>時間でうま味は最大となる。
魚	<u>イノシン酸ナトリウム</u>（核酸系）、<u>アミノ酸類</u> <u>水</u>から入れ、約<u>30分</u>加熱する。
貝	<u>コハク酸</u>（有機酸） 貝から調味中に溶出する。

第5章 調理理論　試験勉強のポイント

3 食品の調理科学

①穀類の調理　（CHECK! ☐☐☐）

　穀類は、調理により、<u>でんぷんを糊化</u>することで食べられるようになる。主な穀類の調理は、以下のとおりである。

覚える! 穀類の調理

米の調理 **出る!**	炊飯するときの加水量は、米の重量の<u>1.5</u>倍または容量の<u>1.2</u>倍である。<u>新米</u>の加水量は控えめに、<u>古米</u>と<u>無洗米</u>ではやや多めにする。炊きあがったときの飯の水分は<u>65</u>%、重量変化は、<u>2.1〜2.3</u>倍になる。<u>かゆ</u>は生米から炊いたものをいう。ご飯に水分を足し調味してやわらかく煮たものは、<u>おじや</u>や<u>雑炊</u>と呼ぶ。

ゴロで覚える! 炊飯後の米
ずいぶん婿思いの兄さんばい。
<u>水分</u>、<u>65</u>%、<u>重量</u>、<u>2.3</u>倍

米粉の調理	上新粉は、<u>うるち米</u>を原料にした粉。水を吸収しにくくまとまりにくいので、熱湯を加えて<u>糊化</u>させてからまとめる。団子や柏餅に用いられる。 白玉粉は、<u>もち米</u>を原料にした粉で、<u>水</u>を加えてこね、<u>白玉団子</u>や<u>ぎゅうひ</u>にする。
小麦粉の調理	水を加えて混ぜると、<u>グルテン</u>を形成する。これは小麦粉だけに起こる現象で、<u>ライ麦粉</u>、<u>そば粉</u>、<u>米粉</u>では起こらない。

●炊飯の過程

洗米

水浸漬期
<u>30分～2時間</u>
（しんせき）

点火

温度上昇期
<u>10分</u>

沸騰

①沸騰継続期<u>5分</u>
②蒸し煮期<u>10～15分</u>

消火

蒸らし期
<u>10～15分</u>

②大豆の調理 （CHECK!□□□）

　大豆を煮るときは、<u>5～6時間</u>浸水して、完全に<u>吸水</u>させる必要がある。10時間以上浸水すると、容積は<u>2.5倍</u>ぐらいになる。また、加熱の際は表皮にしわが寄りやすいので、沸騰後まもなく豆の<u>1/2量の冷水</u>（びっくり水）を加えて、急激に温度を下げるようにする。加熱には長時間を要するので、次のような工夫をする。

> **加熱時の工夫**
> ●<u>1％</u>前後の<u>塩水</u>に浸漬し、そのまま加熱するとやわらかくなりやすい。
> ●容量の<u>0.2％</u>程度の<u>重曹</u>を用いて<u>アルカリ性</u>にすると、早くやわらかくなる。
> ●<u>圧力鍋</u>を用いて調理すると、早くやわらかくなる。

③野菜の調理 （CHECK!□□□）

　野菜に含まれる<u>天然色素</u>には、ほうれん草や小松菜などの青菜に含まれる<u>クロロフィル</u>、にんじんやかぼちゃなどに含まれる<u>カロテノイド</u>、

ゴロで覚える！ 大豆の調理
大図鑑に載っていた語録に心酔し、感極まる。
<u>大豆</u>を煮るときは、<u>5～6時間</u>浸水して、完全に<u>吸水</u>させる

れんこんやごぼうに含まれる**フラボノイド**、なすや紫キャベツに含まれる**アントシアニン**などがある。カロテノイドは、調理では比較的安定している。

また、調理によって**水溶性ビタミン**の溶出、**ビタミンC**が酸化されることが問題である。

④果実の調理　(CHECK! □□□) 出る!

ペクチンは、未熟果や果皮には不溶性の**プロトペクチン**として含まれ、熟すに従って**酵素**の作用で**分解**され、水溶性の**ペクチン**に変わる。ペクチンは有機酸や糖類とともに加熱すると**ゼリー**を形成するので、ジャムを作ることができる。

⑤きのこの調理　(CHECK! □□□)

きのこのうま味は、**グアニル酸**が主成分である。干ししいたけは、生しいたけよりもうま味が強く、香りが特有のものとなる。干ししいたけの**もどし汁**にもうま味成分が溶け出しているので、だしとして用いる。

⑥藻類の調理　(CHECK! □□□) 出る!

うま味のある**グルタミン酸**、**アミノ酸**を含んでいる。これらの相乗効果により、特有のうま味を呈する。こんぶの表面についている白い粉は糖類の**マンニトール**といううま味成分なので、そのまま調理に用いる。しかし、長時間加熱すると多糖類の**アルギン酸**により**粘り**が出るので注意する。

⑦魚介類の調理　(CHECK! □□□)

魚介類を生食できるのは、新鮮な材料が得られること、**結合組織**が少なく肉質がやわらかいことが主な理由である。魚は**えら**や表皮に細菌が付着しやすく、内臓には**酵素**が多いので、保存する場合にはえらや内臓を取り除いて、**0℃**くらいを維持する必要がある。

加熱により魚肉の**色**が変化し、液汁や脂肪が流出する。さらに**重量**が減少し体積も

野菜の天然色素
苦労するよ、**フ**ライド**ポ**テトの**安**心な**カ**ロリーの程度。
クロロフィル・フラボノイド・アントシアニン・カロテノイド

減少する。肉質はかたく、もろく割れやすくなり、歯切れがよく、ほぐれやすくなる。においが変化し、うま味が強くなる。

⑧肉類の調理 （CHECK! ☐☐☐）

　<u>加熱調理</u>をすることで、テクスチャー、色、味、香りが変化し、食べやすく、おいしくなる。同時に、付着している細菌が死滅し、<u>酵素類</u>が働かなくなるので保存性が向上する。

⑨卵の調理 （CHECK! ☐☐☐） 出る!

　卵の熱凝固は、<u>凝固温度</u>（加熱する温度）や<u>加熱速度</u>（加熱にかける時間）によって異なる。塩類には、<u>卵の凝固</u>を促進する作用がある。牛乳を加えた卵料理は、水を加えたものよりも<u>かたく凝固</u>し、にじみ出る液が少ない。これは牛乳中の<u>カルシウムイオン</u>の影響である。<u>砂糖</u>は希釈液の凝固を遅らせて、やわらかくする作用がある。<u>す立ち</u>も起こりにくくなる。

覚える! 卵の凝固　関連用語

	凝固の始まり	完全凝固
卵黄	<u>65</u>℃前後	<u>70〜75</u>℃
卵白	<u>63</u>℃前後	<u>75〜80</u>℃

⑩乳類の調理 （CHECK! ☐☐☐）

　牛乳の調理特性は、①<u>なめらかさと風味</u>を添える、②<u>アミノカルボニル反応</u>により焦げ色と香気をつける、③料理を<u>白く</u>する、④<u>生臭さ</u>を取り除く、などである。牛乳中の<u>カルシウム</u>は、卵のたんぱく質の凝固やペクチンによる<u>ゲル</u>の形成を強める作用がある。

4 調理器具

①加熱調理器具 （CHECK! ☐☐☐）

　加熱調理器具について、その種類と特徴を覚えておこう。鍋はその材質によって、熱の伝わり方や取り扱いに注意が必要。

　卵黄の凝固
　君の六甲おろしでぎょっとする、看護師なおなご。
　黄身は65℃で凝固が始まり、完全凝固は70〜75℃

覚える！ 加熱調理器具 関連用語

電磁調理器	電磁誘導加熱法で調理する。 ①熱効率は約**80%**（ガスや電気は約**50%**）。 ②IH調理器ともいう。 ③100℃以下から300℃付近まで任意の温度に調節し、保持できる。 ④**CO_2（二酸化炭素）**が出ない。 ⑤使える鍋に制限がある（**鉄鍋**、**ステンレス鍋**はよいが、**土鍋**や陶器は使えない）。
スチームコンベクションオーブン	庫内の**蒸気量**を**0**〜**100%**の間で調節しながらオーブン加熱できる機器。
ブラストチラー	冷風冷却機器
タンブルチラー	冷水循環冷却機器

5 調理施設と設備

①調理施設 （CHECK! □□□）

ホテルやレストランなどの調理施設の設備は、**大量調理施設衛生管理マニュアル**（厚生労働省）に基づき、**食中毒菌**などによる汚染・増殖を予防するために、調理施設内を次のように機能区分している。

覚える！ 調理施設の区分 関連用語

清潔作業区域	**盛り付け・配膳**エリア
準清潔作業区域	**調理**エリア
汚染作業区域	**検収場所**、**食品倉庫**エリア、**下ごしらえ**エリア、**食器洗浄**エリア

②新調理システム （CHECK! □□□）

新調理システムとは、**クックチル**、**クックフリーズ**、**真空調理法**をいう。**大量調理**をする施設では、この新調理システムが利用される。これに対し、従来の調理・提供方法を**クックサーブ**という。

ゴロで覚える！ 電磁調理器
高率で晴れ、日傘持つよ、コツは無し。
熱効率80%、火力がガスよりも強い、CO_2はない

199

覚える！	新調理システム　関連用語
クックチル	加熱調理後に<u>急速冷却・保存</u>し、必要なときに再加熱して提供するシステム。一定期間保存できる。
真空調理法	生の食材を調味料と一緒に真空袋に入れ、真空パックのまま<u>湯せん</u>や<u>スチーム</u>で低温加熱調理するシステム。一定期間保存できる。

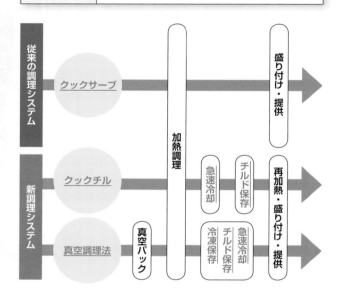

③HACCPシステム　CHECK! □□□ 出る！

<u>危害分析重要管理点</u>ともいう。食品の製造工程における取り扱いに際して起こり得る危害を分析し、基準を作り、作業記録を残していくシステム。

大量調理施設衛生管理マニュアルでは、1回<u>300</u>食以上または1日<u>750</u>食以上を提供する調理施設について、<u>食中毒</u>を予防するためHACCPの概念に基づいた重要管理事項を示している。

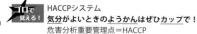

ゴロで覚える！　HACCPシステム
気分がよいときのようかんはぜひカップで！
危害分析重要管理点＝HACCP

6 主な野菜の切り方 CHECK!□□□

　主な野菜の切り方には、以下のようなものがある。それぞれ切り方の名称と形状を覚えておこう。「切砕・成形」の調理操作には、食べられない部分を取り除くこと、食べやすい形や調味料が浸透しやすい形に切ること、煮くずれを防ぐことなどがある。また、見た目をきれいに整える目的もある。

いちょう切り　　　短冊切り　　　小口切り・薄切り

桂むき　　　みじん切り　　　拍子木切り

輪切り　　　半月切り　　　千六本

乱切り　　　さいの目切り　　　ささがき

六方むき　　　くし形切り　　　面取り

第5章　調理理論

試験勉強のポイント

ゴロで覚える！　真空調理法
新パック、定価は即0円で損。
真空パック、低温加熱、急速冷凍、保存

❶調理の基礎

Q001
□□□
家庭で作り、家庭で食べる食事を中食という。

Q002
□□□
現在の和食の膳組みである本膳料理は、江戸時代に始まった食事様式である。

Q003
□□□
非日常的な行事の食事として、葬儀のときに供されるハレの食事がある。

Q004
□□□
調理においては、食品を廃棄する部分が出るため、その食品の栄養価値を高めることはできない。

Q005
□□□
味とにおいは、化学的特性といわれている。

Q006
□□□
スープやうどんなど、温かい食物をおいしく感じる適温は、体温より10℃くらい高めである。

出る!

Q007
□□□
非加熱調理操作とは、主として調理の下ごしらえとしての操作であり、化学的方法で食品のテクスチャーなどを変化させる方法である。

得点アップのツボ! 味覚で感じる五味のほか、口を刺激する痛覚や温度感覚の複合された辛味、渋味、えぐ味、金属味、アルカリ味などがあります。

A001
×

家庭で作り、家庭で食べる食事を<u>内食</u>という。家庭の外で作られた食事を持ち帰って家庭で食べることを<u>中食</u>、レストランや料理店などの家の外で食べることを<u>外食</u>という。

 A002
×

本膳料理の<u>一汁三菜</u>の形式は<u>室町時代</u>に成立し、現在の和食の膳組みは本膳料理の<u>一汁三菜</u>の流れが基本となっている。

 A003
×

ハレの食事は<u>お祝い事</u>のあるときの食事で、昔からご馳走を食べることが多い。これらは、おいしいだけでなく、お祝いの<u>縁起</u>を担いた食べ物を用意する習慣がある。

 A004
×

よい調理は栄養面からみても、その食品の価値を高める。米の炊飯において、必要な<u>水</u>と熱が供給されておいしい飯を作ることは、米の<u>消化・吸収</u>もよくなって栄養効率を高める。

 A005
○

味とにおいは、その成分が口や鼻の中の感覚器官と化学的に結合して<u>味覚</u>、<u>嗅覚</u>を刺激する。

 A006
×

スープやうどんなどの温かい食物をおいしく感じる適温は、体温より<u>30℃</u>くらい高めの温度である。

 A007
×

非加熱調理操作とは、洗浄、<u>浸漬</u>（しんせき）、切砕、<u>撹拌</u>（かくはん）・混合、冷却など、主として調理の下ごしらえとしての操作。物理的方法で、食品の<u>テクスチャー</u>などを変化させる。

得点アップの ツボ！ 一汁三菜形式は室町時代の本膳料理に始まり、現在の和食に受け継がれています。

Q008

刺し身料理は、調理の五法に入っていない。

Q009

調理のときに切り身の魚や食肉は、洗ってから用いる。

Q010

魚を直火で焼く場合の熱の伝わり方は、主に放射伝熱である。

Q011

出る！

蒸し物を行うときは庫内の温度が下がらないように、水と食品を入れてから火をつける。

Q012

蒸し料理は、水蒸気熱を利用して加熱調理しているため、100℃以下にすることはできない。

Q013

二度揚げとは、一度高温の油で揚げてから、もう一度低温の油で揚げることをいう。

Q014

揚げ物は、食材を揚げると食材と揚げ油との間で水と油の交換が起こって食材に油が吸着されるため、湿式加熱調理である。

得点アップのツボ！ 蒸し物調理は、他の加熱調理より栄養素の損失が少ないです。

A008 ✗ 調理法には、<u>生もの</u>調理と<u>加熱</u>調理がある。生もの調理と、代表的な加熱調理である煮物、蒸し物、焼き物、揚げ物の4種類を合わせて<u>調理の五法</u>という。

 A009 ✗ <u>切り身の魚や肉は、洗うことでうま味が流れ出たり、余分な水分を含んで食感が悪くなったりする</u>場合がある。

 A010 ○ 熱の伝わり方には3つ。①フライパンで焼く、炒める、煎るなどの<u>伝導伝熱</u>、②鍋などでゆでる、煮る、蒸す、揚げるの<u>対流伝熱</u>、③炭火焼きなど熱源の赤外線エネルギーが食品に作用する<u>放射（輻射）伝熱</u>がある。

 A011 ✗ 蒸し物調理は、蒸し器の水を<u>沸騰</u>させてから食材を入れることにより、食材の持つ風味をとじこめ、水っぽくならない仕上がりになる。

 A012 ✗ 調理中に蒸し器の蓋をずらしたり、蓋を開けたりして、<u>温度を調整</u>する。茶碗蒸しのときは、すが入らないように蓋の間に菜箸などを挟み、蒸気を抜きながら85〜90℃で蒸す。

 A013 ✗ 二度揚げは、最初に<u>低温</u>の油でじっくりと中まで火を通し、仕上げに<u>高温</u>の油に入れて、色づけと油切れをよくして、カラッと揚げる方法である。

 A014 ✗ <u>湿式加熱</u>とは、ゆでる、煮る、蒸す、炊くなどの「<u>水</u>」を媒体として熱を伝える操作のことで、加熱温度は<u>100℃</u>まで。<u>乾式加熱</u>とは、火や空気で熱を伝える「焼き物」、油で火を通す「揚げ物」、フライパン等の金属板で加熱する「炒め物」があり、<u>水以外</u>を媒体としている。

得点アップの ツボ！ ステビオサイドの甘味は、ショ糖の300倍。グリチルリチンの甘味は、ショ糖の100倍。アスパルテームの甘味は、ショ糖の200倍です。

205

Q015 五味のうち、閾値（いきち）が最も高いのは甘味である。

Q016 食酢の代表的な酸味物質は、クエン酸である。

Q017 塩味は、塩化ナトリウムの示す味である。

Q018 塩味の濃度は、3％ぐらいが一番好まれる。

Q019 二杯酢は、酢とだし汁を合わせたものである。

Q020 チョコレートやココアの苦味は、フムロンである。

Q021 かつお節のうま味成分は、グルタミン酸である。

得点アップのツボ! 閾値では、純水と味を区別できる最低濃度を検知閾値、溶液自身の味が判別できる最低濃度を認知閾値といいます。

閾値とは、感覚が反応するのに必要な刺激の**最小**値を表す。閾値が低いと、ごく少量・低濃度で刺激を感じる。閾値の低い順に、苦味＜酸味＜うま味＜塩味＜甘味となる。

食酢の酸味物質は、**酢**酸。果実類は**クエン**酸、アスコルビン酸、リンゴ酸など。ワインは**酒石**酸、日本酒や貝類は**コハク**酸、乳製品や漬物は**乳**酸。水中で解離して、水素イオンを生じる酸類が呈する味。

純粋な塩味は、塩化ナトリウム。塩化カリウムも塩味を呈するが、苦味もある。

好まれる塩味濃度は甘味と異なり、範囲が狭く、**0.5～1.5**％程度である。塩蔵品の食塩の濃度は高いが、**白飯**などと一緒に口に入れて適度な濃度にしている。

二杯酢は、酢と塩（**しょうゆ**）を合わせたもの。三杯酢は、酢と塩（**しょうゆ**）と砂糖（**みりん**）を合わせたもの。その他、甘酢、ごま酢、黄身酢などがある。

チョコレートやココアの苦味は**テオブロミン**。**フムロン**はビールホップの苦味。茶やコーヒーの**カフェイン**、柑橘類の**ナリンギン**や**リモニン**など。苦味は強いと不快であるが、適度であれば好まれる。

かつお節のうま味成分は、**イノシン**酸が主となっている。

得点アップのツボ！ 食塩、食卓塩は塩化ナトリウム99％です。食卓塩は炭酸マグネシウムを加えて湿気を防いでいるため、調理に用いると汁が白濁します。

Q022 食品の辛みは、すべてカプサイシンによる辛味である。

Q023 食物は2種類以上の味が混ざると、感じ方に変化が起こる。これを味の相互作用という。

Q024 汁粉に少量の食塩を加えると、汁粉の甘さが強く感じるのは、味の相乗効果を利用している。

出る！

Q025 こんぶとかつお節の合わせだしが、単独のだしよりうま味を強く感じるのは相乗効果である。

Q026 漬け物は、主に乳酸菌の働きにより、好ましい風味と酸味を作り出している。

❷調理による成分変化

Q027 でんぷんは、グルコースが多数結合した多糖で、アミロースとアミロペクチンの2成分からなる。

Q028 生のでんぷんに油脂を加えて加熱すると、糊化でんぷんとなる。

得点アップの
ツボ！　乳酸菌とは、糖類を発酵させて乳酸を作る菌類の総称です。チーズ、ヨーグルトなどの乳製品、漬け物の製造に用いられます。

辛味物質として、とうがらしの**カプサイシン**、山椒の**サンショオール**、しょうがの**ジンゲロン**、ねぎやにんにくの**ジアリルジスルフィド**、からしやわさびの**アリルイソチオシアネート**などがある。

味の相互作用には、**対比**効果、**抑制**効果、**相乗**効果などがある。

対比効果の説明である。**対比効果**は、同時、または続けて2つの味を味わったとき、一方が他方の味を引き立てる現象。

うま味物質であるグルタミン酸とイノシン酸は、単独よりも2つのうま味を合わせることで、より**強く**うま味を感じることができる。このことを**相乗効果**という。

食品加工に用いられる微生物には**カビ**、**酵母**、**細菌**があり、さまざまな発酵食品が作られる。麹カビはみそ、しょうゆ、かつお節、酵母はビール、ワイン、パン、乳酸菌はヨーグルトなどに利用されている。

アミロースは**グルコース**がα-1,4結合で直鎖状となり、**アミロペクチン**はα-1,4結合の直鎖部分の途中からα-1,6結合によって分枝が生じ、房状の構造となる。

生でんぷんに**水**を加えて加熱するとでんぷんが糊化し、**糊化**でんぷんとなる。消化酵素の作用を受けやすくなり、**栄養性**が増す。

得点アップのツボ！ でんぷんの老化は2～3℃の低温で、水分含量30～60%のときに最も起こりやすくなります。

Q029 でんぷんの糊化は、生のでんぷんが消化の良い α化でんぷんに変化することをいう。

Q030 食酢の味つけ以外の役割として、でんぷんの老化を防ぐことがある。

Q031 糊化したでんぷんに砂糖を加えると、でんぷんの老化が早まる。

Q032 カラメルソースは、木じゃくしで撹拌（かくはん）しながら砂糖と水を煮詰めて作る。

Q033 ゼリーに砂糖を加えると、固まりやすく溶けにくくなる。

Q034 ゼリー化とは、果物に含まれるゼラチンが砂糖を加えて加熱されると、ジャムができるものである。

Q035 カスタードプディングは、砂糖を多く加えるとかたくなる。

得点アップのツボ！ ゼラチンは砂糖の添加量を多くすると、弾力性、透明度が高くなります。

A029 ○

α（糊化）でんぷんはそのまま放置すると、**老化（β化）**により、かたく消化の悪い状態となる。これを防止するには、温度を**60℃**以上に保つ、**冷凍**する、**乾燥**させるなどの方法がある。

A030 ✕

食酢に含まれる酸の効力により、**微生物**の発生を抑えたり、食品の**たんぱく質**の変性を促して凝集させ、身を引き締めたり、生臭みを除いたりする作用がある。

A031 ✕

でんぷんの老化は、**2～3**℃の低温で水分含量が30～60%のときに最も起こりやすい。砂糖は強い親水性を持ち、糊化でんぷんに砂糖を加えると、でんぷんの**自由水**が**結合水**に変わって乾燥を防ぎ、老化を防止する。

A032 ✕

カラメルソースは、撹拌しながら煮詰めると結晶化し、固まってカラメルにはならない。加熱の際には、火が均一に伝わるように、鍋をゆすりながら砂糖全体に水をなじませていくようにする。**140℃～180℃**で褐色化する。

A033 ○

ゼリーに**砂糖**を加えると、固まりやすく溶けにくくなる。特に砂糖が**20%**以上になると、ゼリーの強度や弾力性が高まる。**マシュマロ**は、この性質を利用している。

A034 ✕

ゼリー化は、果物中にある**ペクチン**が、酸と砂糖を加えて加熱されることによって結合するために起こる。ゼラチンは**動物**に含まれるたんぱく質から作られる。

A035 ✕

砂糖は**希釈液**の凝固を遅らせて、**やわらかくする**作用がある。カスタードプディングがなめらかに固まるのはこのためで、**す立ち**も起こりにくくなる。

得点アップの ツボ！ 寒天やゼラチンを用いて凝固（ゲル化）したものは、再び加熱すると元の液（ゾル）の状態に戻ります。これを可逆性ゲルといいます。

Q036 砂糖溶液を加熱して飴をつくるには、160℃以上になるように加熱する。

Q037 玄米を精白するときに、胚芽の部分を残して搗精(とうせい)した米をアルファ化米という。

Q038 米の胚乳部分は、たんぱく質からなっている。

Q039 玄米から果皮、種皮、糊粉層および胚芽を削り取ったものを精白米という。

Q040 もち米にはアミロペクチンがほとんど含まれていないため、餅にすると粘りのある食感になる。

Q041 じゃがいもでんぷんは不透明で粘りが弱く、とうもろこしでんぷんは透明で粘りが強い。

Q042 さといものぬめりは、食塩水で煮るとなくなる。

得点アップの ツボ！ フォンダンとは、シロップを濃く煮詰めて白くなるまで練った(砂糖を再結晶化した)もの。菓子を作る際によく使われます。

砂糖溶液は**160**℃を過ぎるとカラメル化する。砂糖溶液は加熱によって水の蒸発と共に沸点も上昇する。**シロップ**は102〜103℃で砂糖濃度50〜60%。**フォンダン**は106〜110℃で砂糖濃度70%。130℃を超えると**飴**になる。

胚芽部分を残して精白した米が**胚芽**米。アルファ化米は、炊飯などの加水加熱によってでんぷんをα化（**糊化**）させ、乾燥処理して、その状態を固定させた乾燥米飯をいう。

米の胚乳部分は主として**でんぷん**でできており、主要なエネルギー源となっている。

削り取られたものは、**米ぬか**。精白米は、歩留まり90〜92%である。精白米以外には、胚乳部を残した**胚芽精**米、玄米の胚芽を発芽させた**発芽玄**米、洗米せずに炊飯できる**無洗**米などがある。

もち米特有の粘りは、**アミロペクチン**によるもの。**アミロペクチン**100%のもち米は粘りが強く、**アミロペクチン**約80%・**アミロース**約20%であるうるち米は粘りが少ない。

じゃがいもでんぷんは透明で粘りが**強く**、糊化温度は約65℃である。とうもろこしでんぷんは不透明で粘りが**弱く**、糊化温度は約75℃である。

さといものぬめりは、煮るときの吹きこぼれをまねき、調味料の**浸透**や**熱伝導**を悪くする原因となる。下処理のときにねばりを取ったり、抑えたりしてから調理するとよい。

得点アップのツボ! じゃがいもに含まれるビタミンC（アスコルビン酸）は、でんぷんに包まれていて、加熱しても残存率が高いのが特徴です。

Q043 多糖類のでんぷんが酵素によって、二糖類の麦芽糖や単糖類のブドウ糖にまで分解されることを酸化という。

Q044 油と水は混じり合わないが、乳化剤を介するとクリームを作る。

Q045 バターやマーガリンは水中油滴型、牛乳やマヨネーズは油中水滴型である。

Q046 バターなどの固形油脂を撹拌したとき、空気を抱き込んで軽い舌触りを与える性質をショートニング性という。

Q047

出る!

クッキーやケーキのように小麦粉に油脂を練り込んで作ったものは、油脂の含量が多くなるにつれサクサクとした食感が出てきて砕けやすくなる。

Q048 クリームは油中水滴型のエマルションであり、撹拌すると微細な気泡がクリーム中に分散し、体積を増す。

Q049 肉の熟成は、主に冷凍して行われる。

得点アップのツボ! バターが多く入ったクッキーがサクサクしているのは、バターのショートニング性(油脂が小麦粉のグルテン形成を抑える)のためです。

A043
✕

でんぷんが酵素の働きによって、麦芽糖やブドウ糖まで分解されることは**糖化**という。食品の甘味と関係している。さつまいもをゆっくりと加熱すると、β-アミラーゼがでんぷんに作用する時間が長くなり、**麦芽糖**が多く生成されて甘味が増す。

A044
◯

油と水は、乳化剤や界面活性剤の働きを介して**エマルション**（乳化状態）を作る。水中に油の粒が分散したものが水中油滴型、油中に水の粒が分散したものが油中水滴型。

A045
✕

バターやマーガリンは油中水滴型、牛乳や**マヨネーズ**は水中油滴型である。マヨネーズは水の中に油滴が分散しているので、口の中で油っぽく感じない。

A046
✕

バターなどの固形油脂を撹拌したときに、空気を抱き込んで軽い舌触りを与える性質は**クリーミング性**という。

A047
◯

サクサクとした食感は、**小麦粉**に油脂を加えることで、**グルテン**の形成が抑えられるために起こる。この性質を**ショートニング性**という。

A048
✕

クリームは、**水中油滴型**のエマルションである。

A049
✕

と殺後の肉は死後硬直が起こり、筋肉が収縮して肉質が硬くなるが、その後、肉が持つ酵素によって自己消化が起こり軟らかくなる。このことを**熟成**という。熟成は**冷凍**によって止まるか緩慢になるため、10℃以下の低温で行われる。

得点アップのツボ！ バター、マーガリンなど固体油脂を撹拌すると、気泡が取り込まれてなめらかなクリーム状になる。この性質をクリーミング性といいます。

牛肉、豚肉、鶏肉では、熟成期間は豚肉が一番長い。

揚げ物調理において、フライは180℃の中温でカラッと揚げるのがよい。

Q052

揚げ油が古くなると酸化・重合が起こり、粘度が増して揚げ物をするときに泡立ちが激しく、泡が消えにくくなる。

食品を冷凍加工することで、脂質の酸化を防止することができる。

揚げ物調理は、揚げ油の中に食品を入れても温度変化が少ないので、一度にたくさんのものを調理することができる。

Q055

揚げ物操作において「二度揚げ」とは、高温で揚げてから、もう一度低温でゆっくりと揚げることである。

Q056

肉、卵などの加熱調理に食塩を加えると、たんぱく質の凝固を遅らせ、固まりにくくなる。

得点アップのツボ！ 二度揚げは食材を低温で揚げて、中まで加熱したあと、高温の油に入れて表面をカリッとさせて油切れをよくする揚げ方です。

A050 ✕

貯蔵温度を2～4℃とすると、牛肉は**10～14**日間、豚肉は**3～5**日間、鶏肉は**半日～1**日間の熟成期間を必要とする。うま味も増して風味がよくなる。

A051 ◯

揚げ油の適温は食品の種類や形、生ものか加熱後のものかで異なる。フライは180℃、かき揚げ・天ぷら（魚介類）は180～**190**℃、コロッケは**190**～**200**℃、ポテトチップスは**130**～**140**℃ぐらいが目安となる。

A052 ◯

不飽和脂肪酸の多い油脂が酸化されると重合が起こり、粘度が増す。鍋に入れた油は、空気に触れている面積が大きいほど粘度上昇が**早く**なる。

A053 ✕

防止はできないが、遅らせることはできる。油脂の**自動酸化**は、空気のほかにも温度や**光**、**金属**などによって促進されるため、それらの要因を遮断、除去することによって酸化を遅らせることができる。

A054 ✕

材料を油に入れると急速に油の**温度**が下がるので、入れる材料の量を調整する。また、鍋は厚めの**鉄鍋**を用い、油の量を多くすることで適温を保つ。鉄は**熱伝導率**が小さく、**熱容量**が大きい金属である。

A055 ✕

二度揚げとは、**低温**で揚げて中心まで火を通し、もう一度**高温**で短時間揚げて、**油切れ**と食感をよくする操作である。

A056 ✕

食塩は熱凝固を早め、凝固物をかたくする。食酢にも同様の作用があり、ゆで卵やポーチドエッグを作るときに塩や酢を加えるのはそのためである。

得点アップの ツボ！ たんぱく質の熱凝固は、調味料でも変わります。たとえば、食塩や食酢を加えると促進され、砂糖を加えると抑制されます。

Q057 小麦粉に水を加えて撹拌すると、炭水化物が水分を吸収して、弾力性のあるグルテンを形成する。

Q058 未熟な果物が、成熟するにつれてやわらかくなるのは、たんぱく質の変化による。

Q059 たんぱく質は、炭水化物や脂肪に比べて腐敗や変質が起きにくく、そのため食中毒の原因にもなりにくい。

Q060 肉の結合組織に含まれるコラーゲンは、乾式加熱によってかたくなる。

Q061 だしと水でそれぞれ卵濃度20%の卵液を作り、茶碗蒸しにすると、同じやわらかさになる。

Q062 ビタミンAは水溶性で、ゆでたり煮たりすることによって失われる。

Q063 カロテノイドの中で、α-カロテン、β-カロテン、γ-カロテン、クリプトキサンチンなどはプロビタミンAである。

得点アップのツボ! しょうがのショウガプロテアーゼ、いちじくのフィシン、キウイフルーツのアクチニジンも、たんぱく質分解酵素です。

A057 ✕

グルテンは、小麦粉の主要たんぱく質である**グリアジン**と**グルテニン**からなる。小麦粉に水を加えてこねたときに形成され、粘弾性を持っている。

 A058 ✕

果実が成熟するにつれてやわらかくなるのは、**不溶性**の**プロトペクチン**が酵素により分解されて、**水溶性**の**ペクチン**に変化するためである。

 A059 ✕

たんぱく質は**腐敗**や**変質**しやすく、**食中毒**の原因となることもある。たんぱく質性食品を扱うときには、特に注意が必要である。

 A060 ◯

コラーゲンは、水を加える湿式加熱によって長時間加熱すると可溶性の**ゼラチン**に変化し、肉もやわらかくなる。

 A061 ✕

塩類には、卵の**凝固を促進**する作用がある。だしで作った卵液は、だしに含まれる食塩や塩類によって、同量の水だけの場合と比べて、しっかりと**ゲル化**する。

 A062 ✕

ビタミンAは**脂溶性**で水には溶けないため、ゆでたり煮たりしてもほとんど損失はない。**耐熱性**でもあり、酵素がなければ**120℃**ぐらいまで安定する。

 A063 ◯

緑黄色野菜などに含まれるα-カロテン、β-カロテン、γ-カロテン、クリプトキサンチンなどは、吸収されると体内で**ビタミンA**に変化するので、**プロビタミンA**といわれる。

 得点アップのツボ！ 卵白と卵黄では構成するたんぱく質が異なるため、卵白より卵黄のほうが凝固温度が低いです。温泉卵は、この性質を利用して作ります。

Q064 ビタミンEは酸化しやすいので、食品に添加されることはない。

Q065 ビタミンB群は、水溶性でアルカリや紫外線には強いが、熱や酸には弱く容易に溶出する。

Q066 野菜のビタミンCは、調理・加熱にも安定している。

Q067 エビやカニをゆでると、ヘムたんぱく質が熱によって変性し、色が赤くなる。

Q068 褐変は、水につけるだけでは抑制できない。

出る!

Q069 りんごの切り口が褐変するのは、ポリフェノールがアミノカルボニル反応により褐色物質を生成するためである。

Q070 一般的に酢の物や和え物では、味をなじませるために和えたあと、しばらく冷蔵庫で冷やしておくとよい。

得点アップの ツボ! 　緑黄色野菜は一般に100gあたり600μg以上カロテンを含み、淡色野菜はビタミンCの供給源となります。

ビタミンEは、**ごま油**、**なたね油**、**大豆油**などに多く含まれる。食品中の油などの酸化を防ぐために、**抗酸化剤**として添加されることがある。

ビタミンB群は**水溶性**で熱や酸には強いが、**アルカリ**や**紫外線**には弱い。水溶性のため、**水洗い**で容易に溶出する。**短時間**で調理することが、ビタミン損失を防ぐコツである。

ビタミンCは**水溶性**で、調理・加熱に不安定であり、空気中の酸素によって**酸化**される。加熱時間が長くなると、酸化が進む。

エビやカニをゆでると赤くなるのは、たんぱく質と結びついていた**カロテノイド**の**アスタキサンチン**が、熱により分離して**赤色**に発色するため。

褐変防止には、①酸素との接触を防ぐ、②**加熱**して酵素を不活性化する、③**食塩**を用いて酵素の作用を抑制する、④**ビタミンC**を含むレモン汁をかける、⑤**pH**を下げて酵素の作用を抑制する、などの方法がある。

りんごの切り口が褐変するのは、ポリフェノールが**ポリフェノールオキシダーゼ**(酸化酵素)の作用により、褐色物質を生成するため。

酢の物や和え物は一般に食品の味が薄く、合わせ酢、和え衣の味が濃いため、混ぜ合わせると食品から水分が出やすいので、提供する**直前**に和える。

得点アップの ツボ！ 果物にレモン汁をかけて褐変を防ぐのは、レモン汁に含まれるビタミンCがポリフェノールの酸化を遅らせるからです。

Q071 削り節には、かつお以外の魚は使われていない。

Q072 混合だしを取るときは、まずかつお節でだしを取り、そのだしにこんぶを加えて再び加熱して取る。

Q073 削り節（かつお節）は、水から入れて沸騰直前に取り出す方法でだしを取る。

Q074 煮干しからだしを取るときには、沸騰水中に入れて、短時間で取り出す。

Q075 干ししいたけ、干し貝柱は、水に浸して組織を軟化させてから加熱調理を行うが、その浸した水は必要がないので捨てる。

出る！

Q076 寒天は、植物性食品である。

Q077 次のうち、料理とゲル化材料についての組み合わせで、正しいものは（1）である。

出る！

（1）茶碗蒸し——ペクチン
（2）ようかん——砂糖
（3）ジャム——ゼラチン
（4）プリン——卵

得点アップのツボ！ 味の相互作用である相乗効果は、うま味成分に特徴的な現象で、混合だしのうま味が強く感じられるようになります。

削り節にはかつお以外に**さば**、**いわし**、**まぐろ**などが使用される。それぞれ特徴のあるうま味があるため、料理によって使い分けられている。

混合だしは、まず**こんぶ**を入れて加熱し、沸騰直前で**こんぶ**を取り出し、沸騰したら**かつお節**を加えて火を止める。**かつお節**が落ち着いたら布巾でこし取る。

削り節（かつお節）は、**沸騰した湯**に入れて火を止め、削り節が沈んだらすぐに取り出す。昆布でだしを取る場合は、水から入れて沸騰直前に取り出す。

問題文は、削り節（かつお）のだしの取り方である。**煮干しだし**は、煮干しを水に入れ、**15分**程度加熱する。または、水に**30分以上**浸したあと、**1分間**加熱する。

干ししいたけ、干し貝柱を浸した水には**うま味**成分が含まれているので、調理に利用する。

寒天は、**海藻**（オゴ草、天草）から作られており、**植物性食品**である。**食物繊維**が多く含まれている。ゼラチンはコラーゲン（豚由来）から作られ、動物性食品である。

(2) が正しい。ジャムは**ペクチン**、茶碗蒸しは**卵**、ようかんは**寒天**、によってゲル化する。寒天は0.5〜1％以上、ゼラチンは2〜3％以上の濃度で凝固する。生のパイナップル、キウイフルーツ、メロンなどはゼラチンを分解する酵素があり、材料に使用すると固まらないことがある。

得点アップの ツボ！ 寒天の主成分はガラクタンで、アガロース（約70％）とアガロペクチン（約30％）が混合したものです。

Q078

「煮きり」とは、汁がほとんどなくなるまで煮詰めることである。

Q079

出る！

次に挙げたゆでる方法のうち、誤っているものは（1）である。
(1)パスタ…熱湯…食塩
(2)葉菜類…熱湯…食塩
(3)山菜類…熱湯…食塩・重曹
(4)たけのこ…熱湯…米ぬか

❸食品の調理科学

Q080

出る！

炊飯時の加水量は、米の重量の2.0〜2.2倍とする。

Q081

精白米は洗米することにより、20〜25%吸水する。

Q082

おいしい米飯の炊き上がり重量は、もとの米の重量の2.5倍となる。

Q083

もち米を炊飯する場合には、うるち米を炊飯するより水加減が多い。

Q084

ご飯に合わせ酢を混ぜるときは、ご飯を十分冷ましてから加える。

得点アップのツボ！ 米には新米と古米があり、新米はその年にとれた米のこと、古米はそれ以前にとれたものを指します。

A078 ✕ 煮きりとは、酒やみりんを加熱し、余分な**アルコール分**を揮発させてうま味を残す方法のことである。**アルコール分**を飛ばすことを煮きるという。

A079 ✕ **(4)**が誤り。たけのこは、**あく抜き**、**組織の軟化**を目的に水に米ぬかを加え、**水**からゆでる。

A080 ✕ 炊飯時の一般的な水加減は、米の重量の**1.5**倍、容積（容量）の**1.2**倍である。米は洗米後、30分以上浸漬して炊飯するとふっくらと炊き上がる。

A081 ✕ 貯蔵中の精白米の水分含量は約**15**％であり、洗米時に**10～15**％ほど水を吸収する。1回目の洗米時に吸水量が多いので、手早く洗わないと**米ぬか**の成分が移り、**におい**のある飯になる。

A082 ✕ おいしいご飯の炊き上がり重量は、もとの米の重量の**2.1～2.3**倍になる。

A083 ✕ もち米はうるち米より浸漬時の吸収率が**高く**、炊飯する場合の加水量は**1.0**倍でよい。しかし、もち米だけでは炊きにくいため、うるち米を混ぜて炊き、**こわ飯**とすることが多い。

A084 ✕ 合わせ酢は必ずご飯が**熱いうち**に混ぜ、あおいで冷ます。ご飯は**熱い**と調味料の浸透がよい。なお、すし飯は炊き上がったご飯に合わせ酢を混ぜるので、その分の水分量を減らした水加減で炊く。洗米後、**浸漬**は行わない。

得点アップのツボ！ 五穀とは、5種類の穀物で米、麦、あわ、きび、豆のこと。穀物の総称としても用いられます。

白玉粉は、うるち米から作られている。

てんぷら用の衣は、小麦粉に卵と温水を加えて、よく撹拌してから用いる。

出る！

小麦粉は、たんぱく質の含有量が多い順に薄力粉、中力粉、強力粉に分類される。

Q088

小麦粉の生地（ドウ）に食塩を加えると、粘弾性は減少する。

Q089

スポンジケーキやてんぷらの衣は、グルテン形成を利用している。

Q090

ブールマニエは、小麦粉を油脂（主にバター）で炒めたものである。

Q091

じゃがいもの皮をむいて切ったあと、水につけておくのは乾燥を防ぐためである。

得点アップの　ツボ！　調味料を入れる順序は「さ・し・す・せ・そ」といわれ、砂糖、食塩、酢、しょうゆ（かつては、せうゆと表記した）、みその順です。

白玉粉は**もち米**を原料とし、ぎゅうひや餅菓子に使われる。**上新粉**は**うるち米**を原料とし、団子、柏餅に使われる。もち米を原料とした道明寺粉、寒梅粉には、糊化（α化）でんぷんが使われている。

小麦粉に**卵**と**冷水**を加えて、**だまが残る程度にかき混ぜて**用いる。温水を加えて撹拌するとグルテンが増え、かたく弾力性のある衣になる。

小麦粉はたんぱく質の含有量が多い順に**強力粉**、**中力粉**、**薄力粉**に分類される。小麦粉の重量の50〜60％の水を加えて混ぜることで、たんぱく質の**グリアジン**と**グルテニン**が結合して、粘性のある**グルテン**ができる。

食塩は**粘弾性を増加**させる。めんを作るときに食塩を混ぜるのは、この性質を利用している。**砂糖**は、**粘弾性を減少**させ、**安定性を増大**させる。

パンやめん類はグルテンの粘弾性を利用している。スポンジケーキやてんぷらの衣は、グルテンを抑えて**でんぷん**の性質を主として利用している。

ブールマニエは炒めることをせず、小麦粉と油脂を練り合わせたもの。**ルウ**は小麦粉を油脂（主にバター）で炒めたもので、最終温度による着色の程度により、ホワイトルウ、ブラウンルウなどに分類される。

変色を防ぐためである。じゃがいもの褐変は、切り口を空気中にさらすことで、細胞内にある**チロシン**が酸化酵素によって**メラニン**となって起こる。**さつまいもはヤラピン**が酸化して黒色に変化するが、皮を厚めにむくと変色が起こりにくくなる。

得点アップの ツボ！ 調理では、食塩やしょうゆを先に加えると材料が引き締まり、あとから味を付けにくくなります。

227

Q092

いも類をゆでるときは、熱湯に入れてゆでるとよい。

Q093

マッシュポテトを作るとき、じゃがいもが冷めてからのほうが裏ごししやすく、粘りが出やすい。

Q094

さといもは、じょうよまんじゅうの皮やかるかん蒸しなどに利用する。

Q095

さつまいもできんとんを作るときに、砂糖と一緒に煮ておくと裏ごしがしやすい。

Q096

さつまいもは、なるべく小さく切った状態で蒸したり、焼いたりしたほうが甘味が強い。

Q097

大豆はたっぷりの水を加えたら、すぐに加熱を始める。

Q098

出る!

大豆を加熱するとき、沸騰後まもなく豆の2分の1量の冷水を加え、50℃くらいの温度まで下げる。これをびっくり水という。

得点アップのツボ! 硬度の高い水を硬水、低い水を軟水といいます。日本の水は、カルシウムイオンの少ない軟水が主流です。

いも類や根菜類などかたくて火の通りにくいものは、**水から入れてゆでる**のがよい。

裏ごしするときは、ゆでてから**熱いうち**にする。マッシュポテトや粉ふきいもには、粉質の**男爵**などが適している。

利用されるのはやまいもである。やまいもの粘質物には起泡性があるため、和菓子の膨化に利用される。また、いも類の中で唯一**生食**できる。

砂糖は、**水によく溶ける性質（親水性）**がある。また、水を抱え込んで離さない性質があり、砂糖と一緒に煮たものはしっとりした状態が続くので、裏ごしが楽にできる。

さつまいもは、石焼きいもや蒸しいもなどは**大きなかたまり**のまま**ゆっくりと加熱**すると甘味が増す。これは、さつまいもが**でんぷん分解酵素**を含んでいるからである。

大豆は、洗ってたっぷりの水に一晩つけるなどして、**十分に吸水**させてから煮る。小豆は皮がかたく、水につけても吸水しないため、吸水させないで加熱を始める

びっくり水の目的は、豆の外部と内部との**温度差**を小さくし、表皮の伸びを抑え、**しわ**ができないよう均一に煮あげることにある。

得点アップのツボ！ いも類は切り口が空気に触れると、酸化酵素の働きで褐変します。切り口を水にさらすと、褐変を防ぐことができます。

Q099

□□□

黒豆の色は、重曹や古くぎを入れて煮ると色鮮やかになる。

Q100

□□□

青菜に含まれるクロロフィルは、水溶性の色素である。

Q101

□□□

野菜に含まれるクロロフィルは、アルカリ性条件におかれると黄褐色のフェオフィチンとなる。

Q102

□□□

キャベツや白菜はあくが少ないので、ゆで湯の量は緑黄色野菜に比べて少なくてよい。

Q103

□□□

ごぼうやうどをゆでるときに起こる変色を防ぐには、塩を加えてゆでる。

Q104

□□□

ブランチングとは、野菜を冷凍保存することである。

Q105

□□□

煮物では、落とし蓋をすると、煮汁が少ないときでも材料に均一に味をつけることができる。

得点アップのツボ! 豆乳は大豆をすりつぶし、加熱ろ過して得られます。豆乳に凝固剤（にがりや硫酸カルシウム）を加えて固めたものが豆腐です。

黒豆の皮の色素は**アントシアニン系**の色素で、**鉄イオン**と結合して美しい黒色になるので、**鉄鍋**で煮るか、**くぎ**などを入れて煮るとよい。

クロロフィルは**脂溶性**の色素である。ほうれん草などの青菜を褐変させる酵素の活性を抑えるには、沸騰したたっぷりの湯の中に青菜を入れ、短時間でゆで、冷水にとって素早く冷やすことが大切。

クロロフィルは、**酸性**条件におかれると黄褐色となり、アルカリ性条件では**鮮やかな緑色**となる。

逆に、青菜をゆでる際は、**たっぷり**のお湯から手早く**短時間**でゆでる。湯が少ないと青菜の温度上昇が遅く、**酵素**の作用を受けて色が悪くゆであがる。

ごぼうやうどなど、あくの強い野菜は**酢水**でゆでると、**ポリフェノール**の**酸化**を防いで白く仕上がる。

ブランチングは**湯通し**ともいう。野菜の**酵素**や**微生物**の働きを止め、加工や保存中の変化を防ぐ。**冷凍野菜**を作るときの、ゆでる、蒸すなどの加熱処理である。

落とし蓋は、木製や金属製のもののほか、紙やアルミホイルでも代用することができる。

得点アップの ツボ! カリフラワーを白くゆで上げるためには、ゆで水に酢やレモン汁を加えて、酸性にするとよいです。

Q106
□□□
渋切りとは、アルコールを使って渋がきの渋を除くことである。

Q107
□□□
たけのこのえぐ味はクエン酸が多く含まれているためなので、米ぬかを加えて米ぬかの吸着力を利用してゆでる。

Q108
□□□
野菜の色において、アントシアニンは赤、紫、青などの色を呈する色素である。

Q109
□□□
からしは、ぬるま湯で溶いて時間をかけると辛味が弱まる。

Q110
□□□
和え物調理では、味を浸透させるために、早めに調味液と材料を混ぜ合わせるのがよい。

Q111
□□□
果実の成分であるペクチンは、未熟果や果皮にも水溶性として含まれている。

Q112
□□□
りんごの切り口を食塩水につけると、ポリフェノールオキシダーゼの働きが抑制されて、褐変が防げる。

得点アップの ツボ! 小豆の渋切りとは、一度ゆでてこぼして新しい水で再び煮直すこと。あく抜きと同じ効果が得られます。

A106 ✕

渋切りとは、**小豆**をゆでる際、水からゆでて沸騰させたあと、ゆで汁を捨てること。豆の皮に含まれる**タンニン・サポニン**などの渋味成分や、あくを取り除く効果がある。

 A107 ✕

たけのこのえぐ味は、**シュウ酸**が多く含まれているためである。ほうれん草や春菊なども、**シュウ酸**などによるあくを除いて調理する。

 A108 ◯

アントシアニンは紫キャベツ、なす、赤かぶなどに含まれる**水溶性**の色素。アルカリ性で**青色**や**青緑色**に、酸性で**赤**くなる。**鉄イオン**と結合すると、色素が安定する。

 A109 ✕

からしの辛味成分は**シニグリン**などの物質によるもので、そのままでは辛味はなく、**水**を入れてかき混ぜると、**酵素**の作用で辛味を出す。約**40℃**くらいが最も活発になって、**ぬるま湯**でよくかき混ぜると、早く辛味が出る。

 A110 ✕

調味液と混ぜ合わせることで、**浸透圧**により野菜などの素材から水分が出てきて、味が薄まったり、食感が変わったりするため、**食べる直前**に和える。

 A111 ✕

ペクチンは、未熟果や果皮には**不溶性**の**プロトペクチン**として含まれる。熟すにつれて酵素の作用で分解され、**水溶性**のペクチンに変わり、果実が軟化する。

 A112 ◯

果物や野菜に含まれるポリフェノール類は、切ったり、おろしたりすることで**酵素（ポリフェノールオキシダーゼ）**と一緒になり、**褐色**に変化する。

得点アップの ツボ！ パイナップル、パパイアなどに含まれるたんぱく質分解酵素は、肉をやわらかくしたり、消化を助けたりする働きを持ちます。

Q113 □□□　干ししいたけのうま味成分は、沸騰した湯に入れて加熱すると増える。

Q114 □□□　あらいとは、コイ、スズキ、タイなど白身魚の死後硬直中の身をそぎ切りにして、氷水などの中で洗うことをいう。

Q115 □□□　魚を焼くとき、強い火力を保持しながら大量の放射熱を与えることが望ましい。

Q116 □□□　魚介類を塩締めにしたあと酢漬けにすると、有害細菌の殺菌に役立ち、保存性がよくなる。これは、食酢によって、でんぷんを変性させるからである。

Q117 □□□　魚の生臭みは、調理前に牛乳に浸しておくと除かれる。

Q118 □□□　魚の甘露煮のように長時間煮る場合は、前もって魚を素焼きにしておくことが多い。

Q119 □□□
出る！　魚の切り身を煮るときは、はじめから煮汁と一緒に加熱する。

得点アップのツボ！ 魚肉の切り方には、全魚・マル（ラウンド、オール）、腹抜き（セミドレス）、ぶつ切り（チャンク）、ステーキ（切り身）などがあります。

干ししいたけに含まれるうま味成分**グアニル酸**は、**水戻し**することで、抽出量が増える。最適温度は5℃といわれ、干ししいたけをたっぷりの水につけ、一晩冷蔵庫に入れて水戻しする。

魚介類の**あらい**は、新鮮な白身魚の魚肉をそぎ切りにして**氷水**、**冷水**、**湯**などの中で洗うこと。魚肉中の**ATP**（アデノシン３リン酸）が流出し、魚肉が収縮して弾力が生じる。

焼き物は、表面温度と食品内部との温度差が**大きく**、**直火焼き**は温度管理が難しい。しかし、うま味や栄養素の損失が少なく、水分の蒸発によって**味**が濃縮される。

食酢によって変性するのは、**でんぷん**ではなく**たんぱく質**である。

牛乳やみそのたんぱく質、脂肪には、**生臭み**を吸着する働きがある。また、食酢には、生臭みの成分である**トリメチルアミン**、**アルデヒド**、その他のアミノ類の揮発を抑える効果があるので、生臭みが抑えられる。

あらかじめ魚を素焼きにすることで**生臭さ**が少なくなり、皮が破れにくくなって**煮崩れ**が起きにくい。

煮魚を作るときは、煮汁を**煮立てて**から魚を入れる。魚の表面のたんぱく質がすぐに**熱凝固**し、うま味が溶け出すのを防ぐことができる。

塩締めには、食塩を振りかける振り塩法、食塩水につける立て塩法、ぬらした和紙で包み、その上から食塩を振る紙塩法などがあります。

235

Q120 魚を炭火で焼く場合、もし火力が強すぎても火はそのままにしておき、魚体を火から遠ざけて調節する。

Q121 しめさばは、たんぱく質を酵素によって変性させたものである。

Q122 つみれは、魚肉に10〜15%の食塩を添加してすり鉢やフードプロセッサーですり、粘性のあるすり身を作って丸め、加熱したものである。

Q123 イカの表側と裏側とでは、裏側のほうが加熱による収縮が激しい。

Q124 肉、魚などの動物性食品の解凍は、室温で行う。

Q125 貝類は、魚肉に比べてコラーゲンが少ないので、長時間加熱してもかたくならない。

Q126 熟成は食肉の種類によって異なるが、5℃で貯蔵したときに鶏肉では5〜8日程度である。

出る!

得点アップのツボ ドリップは、凍結した食品を解凍したときに、食品内部から流出する液汁のこと。風味が落ち、うま味、栄養成分まで流出します。

A120 ○

魚を焼くときは、できるだけ動かさず、**強火**の遠火でじっくりと全体を焼くのがよい。

A121 ×

たんぱく質を**食酢の酸**によって変性させたもの。酢締めは、生魚を塩で締めたあと、食酢に浸したもの。細菌の繁殖を抑え、魚臭を除く働きもある。

A122 ×

魚肉を刻んで**1〜2**％の食塩を加えてから、すり鉢やフードプロセッサーですると、**粘性**のあるすり身になり、形を作ることができる。これを加熱すると、弾力のあるつみれができる。

A123 ×

イカの表側と裏側とでは、**表側**のほうが加熱による収縮が激しい。第1、2、3層の色素を含んだ皮をむき、**松かさ**に切って加熱すると、包丁目が立って美しく仕上がる。

A124 ×

解凍する温度が高いと組織が崩れ、ドリップが多く出る。ドリップは酵素を含み、たんぱく質や脂肪などを変化させ、不快な風味となる。また、水分が多く抜けるためパサパサした感じになる。これを防ぐには、できるだけ**解凍温度**と**冷凍温度**の差が小さいほうがよく、冷蔵庫で解凍するのが理想的である。

A125 ×

貝類は一般に加熱すると**かたく**なるため、調理は短時間にするが、長時間加熱し、**コラーゲン**を分解してやわらかくすることもある。**アワビ**の煮貝はその例である。

A126 ×

と殺後数時間で**死後硬直**が起こり、肉は**収縮**してかたくなる。そのあと、酵素によって分解（自己消化）され、やわらかく、味も出る。2〜4℃での貯蔵で、牛肉で**10〜14日**、豚肉**3〜5日**、鶏肉**半日〜1日**程度である。

得点アップのツボ！ 魚のドリップは、うま味成分が流出している証拠です。ドリップを出にくくするには、低温でゆっくりと解凍します。

237

第5章 調理理論

③ 食品の調理科学

Q127 ひき肉は、食塩を加えて撹拌すると固まりにくくなる。

Q128 すき焼きを作る際、こんにゃくと牛肉を一緒に加熱すると、こんにゃくの酵素が牛肉に作用して肉がかたくなる。

Q129 牛すね肉の煮込み料理は、長時間煮込むと肉の間の脂肪が溶け出してやわらかくなる。

Q130 「ウェルダン」は、肉の外側は焼けているが、中はまだ生の状態で調理したものである。

Q131 冷凍食品の取り扱いについて、生のまま冷凍された食肉は、冷凍状態のまま焼いたほうがよい。

出る!

Q132 卵白と卵黄の凝固温度の違いを利用し、80℃前後で約25分加熱すると、温泉卵を作ることができる。

Q133 卵白を泡立てるときは、60〜70℃に温めて行うとよい。

238

得点アップの ツボ! 卵白を泡立てるボウルに油脂が付着していると、撹拌しても泡立たないことがあります。

A127

ひき肉はそのまま加熱すると、形を保つことはできない。しかし、食塩を加えて撹拌すると、肉のたんぱく質中のアクチンとミオシンが可溶化して、粘性のあるアクトミオシンになり、焼いても形崩れしにくくなる。

A128

こんにゃくを肉と一緒に加熱すると、こんにゃくから溶け出すカルシウムイオンが牛肉に作用してかたくなることがある。

A129

肉は加熱すると筋線維が縮んでかたくなるが、すね肉の場合、長時間煮込むことで筋線維の中にある筋（コラーゲン）が水溶性のゼラチンに変化して、肉質がやわらかくなる。

A130

肉の焼き方は生の状態に近いほうから、レア＜ミディアムレア＜ミディアム＜ウェルダン＜ベリーウェルダンとなる。ウェルダンは、中心部もしっかりと火が通っている。

A131

冷凍された肉は、冷蔵庫に移してゆっくりと解凍して調理すると、うま味を損なうことがなく、短時間でおいしく調理できる。

A132

温泉卵の調理は、65〜70℃前後で約20分加熱する。卵白は63℃で白濁して流動性を失い、75〜80℃でかたく凝固する。卵黄は63℃からやや粘稠となり、70℃で粘りのある半熟に、75℃でかたく凝固する。

A133

常温（20〜30℃）で泡立てることで、きめの細かいしっかりとしたものになる。温度が高すぎると早く泡立つが、きめが粗くなる。

得点アップのツボ！ 水から卵をゆでた場合、ゆで水の温度が80℃に達してから約12分間沸騰水中でゆでると、中心部まで凝固し、かたゆで卵となります。

239

Q134 卵を75～80℃で加熱すると、温泉卵ができる。

Q135 ゆで卵の卵黄の表面が暗い緑色になるのは、加熱によって、卵黄中の硫黄成分が卵白と反応するためである。

出る!

Q136 茶碗蒸しを作るときの、卵とだしの割合は1対3が基本である。

Q137 卵白でメレンゲを作る際は、砂糖を加えると粘性が低くなり、泡立ちやすくなる。

出る!

Q138 卵液の熱凝固性は、牛乳によって弱められる。

Q139 卵を長時間ゆでると青黒く変色するが、新鮮な卵ほど起こりやすい。

Q140 ポッシェは、濃厚卵白の多い新鮮卵のほうが卵黄を中心に包みやすい。

出る!

得点アップのツボ! 卵白に含まれるたんぱく質のオボグロブリンは、表面張力を低下させて泡立ちやすくさせ、オボムチンは泡の膜を丈夫にします。

A134 ✕ 温泉卵は、**65〜70℃**で**20分**程度加熱する。卵黄と卵白の凝固温度は、卵黄のほうが低い。

 A135 ✕ 暗い緑色は、加熱によって卵白から発生する**硫化水素**と、卵黄の**鉄イオン**が反応するためである。

 A136 ◯ 卵の濃度が薄いほど凝固しにくく、凝固温度は高くなる。すが立たないように**90℃前後で蒸す**。また、塩は舌触りをよくし、光沢を増すが、味の点から濃度は1％までとする。

 A137 ✕ 卵白でメレンゲを作る際に砂糖を加えると、変性に必要な水分が砂糖に奪われ、**粘性**が高くなり泡立ちにくくなる。そのため強い力で泡立てる必要があるが、均質で**きめ細かい**安定したメレンゲができる。

 A138 ✕ 牛乳によって弱めることはできない。牛乳中の**カルシウム**は、卵の**たんぱく質の凝固**やペクチンによる**ゲルの形成**を強める作用がある。

 A139 ✕ 卵黄の表面が暗緑色になるのは、卵白のたんぱく質の分解により生じた**硫化水素**が、卵黄の**鉄イオン**と反応するためである。**古い**卵ほど硫化水素が発生しやすく、変色が起こりやすい。

 A140 ◯ ポッシェ（**ポーチドエッグ**）は、約**95℃**の湯に**1％の食塩**と**4％の食酢**を入れ、卵をそっと割り入れて作る。食塩や食酢には、たんぱく質の**凝固**を促進する作用がある。

得点アップのツボ！ 「すが立つ」とは、豆腐や卵液などを加熱しすぎて細かい穴ができることです。かたくぼそぼそして、食感が悪くなります。

241

Q141
□□□
スープストックに卵白を用いるのは、卵白のうま味成分をスープに生かすためである。

Q142
□□□
牛乳を煮込み料理に使用するときは、牛乳を加えて長時間加熱するとよい。

Q143
□□□
牛乳を加熱するとできる白い皮膜には、脂質や乳糖が含まれる。

Q144
□□□
生クリームを泡立てたときの安定性を得るためには、低温で泡立てる必要がある。

Q145
□□□
出る！
牛乳ににがりを加えると凝固が起こってヨーグルト状になり、これをしぼるとカッテージチーズができる。

Q146
□□□
牛乳にオレンジ果汁を合わせると、牛乳のpHが下がって凝固する。

Q147
□□□
ナチュラルチーズは、いくつかのチーズをミックスして作られる。

得点アップのツボ！ クリームとは、生乳を遠心分離して得られる、上層の乳脂肪の多い部分をいいます。

A141
✕

卵白は、スープストックの濁りを除くため、**あく取り**として用いる。卵白中のたんぱく質である**アルブミン**が、生では水に溶解し、加熱すると水分中の**あく**を抱き込んで凝固する性質を利用している。

A142
✕

牛乳は、高温で長時間加熱されると**乳清たんぱく質**が**熱変性**し、凝固して分離を起こすため、でき上がりの風味を損なう。仕上げに加える。

A143
✕

皮膜は、加熱によって凝固した**たんぱく質**に**脂肪球**が取り込まれ、表面に浮かぶ。皮膜の形成を防ぐには、牛乳の加熱温度を**60℃**くらいに抑える、あるいはゆっくり**撹拌**しながら加熱する。

A144
○

生クリームを**低温**（5〜10℃）にすると、脂肪球が凝集し、粘度が上昇して泡の**安定性**が増す。砂糖は泡立ちを抑え、**オーバーラン**（撹拌したクリームが空気を含む割合）を小さくするので、生クリームをある程度**撹拌**したあとに加える。

A145
✕

カッテージチーズは、牛乳に**酸**（食酢など）を加えると**酸変性**によって凝固が起こることを利用する。豆腐は、大豆たんぱく質が**にがり**（塩類）によって固まる性質を利用する。

A146
○

カゼインは、牛乳中ではカルシウムやリンとともに**カゼインミセル**を形成し、酸を加えて酸性にすると凝固し、沈殿する。この凝固物を**カード**という。有機酸を含んだ材料と合わせても同じ現象が起こる。

A147
✕

ナチュラルチーズをミックスして、**プロセスチーズ**は作られている。ナチュラルチーズは、そのかたさから**硬質**（パルミジャーノ等）、**半硬質**（ゴーダチーズ等）、**軟質**（モッツァレラ等）に分けられる。

得点アップの ツボ！ 牛乳に多く含まれるCaは、ほかの食品よりも消化・吸収率がよいものです（1.4〜6倍）。成人で1日550〜800mg程度とるのがよいとされます。

④調理器具

Q148 洋包丁の多くは、片刃である。

Q149 調理器具の主な材質を熱伝導率のよいものから並べると、アルミニウム、銅、鉄、ステンレスの順となる。

Q150 フライパンで肉を焼くときの熱の伝わり方は、対流伝熱である。

Q151 スパチュラはフライ返しともいい、素材はステンレス、アルミ、ナイロン樹脂、シリコンなどがある。

Q152 磁力線による誘導電流を利用した調理器具には、電子レンジがある。

Q153 電子レンジを用いて調理するときは、食品の水分の蒸発が多いので、アルミホイルで包んで行う。

出る！

Q154 スチームコンベクションオーブンを用いた調理では、加熱調理時に水蒸気を利用すると、調理時間が短くなる。

244

得点アップのツボ！ 包丁には片刃と両刃があり、片刃はかつらむきや刺し身を切るのに適しています。

A148 ✕　洋包丁の多くは、<u>両刃</u>である。<u>中国包丁</u>は両刃で刃幅が広く重いが、多用途に使われる。<u>和包丁</u>は片刃と両刃があり、料理の用途ごとに種類がある。

 A149 ✕　<u>銅</u>、<u>アルミニウム</u>、鉄、<u>ステンレス</u>の順となる。銅は一番<u>熱伝導率</u>がよいが、<u>緑青</u>が生じる。<u>アルミニウム</u>は軽くて熱伝導率が大きく、酸化被膜で表面加工した<u>アルマイト</u>は酸にも強い。

 A150 ✕　<u>伝導伝熱</u>である。伝導伝熱は固体から固体へ、または食品内部で起こる熱の移動で加熱される方法（焼く、炒めるなど）。<u>対流伝熱</u>は水・油・水蒸気・空気などの流体から、固体への熱の移動によって加熱される方法（揚げる・煮る・ゆでる・蒸すなど）。

 A151 ✕　問題文は<u>ターナー</u>の説明である。スパチュラはしゃもじ、へら、ゴムベラのことをいう。

 A152 ✕　電子レンジの熱源は電気で、<u>マイクロ波</u>を利用した誘電加熱法である。磁力線による誘導電流を利用した電磁誘導加熱法は、<u>電磁調理器</u>（IH調理器）に用いられている。

 A153 ✕　金属は、<u>電磁波を反射</u>するため加熱されない。また、金属の鋭角な部分に電磁波が集中すると、<u>放電</u>、<u>発熱</u>を起こし、<u>破損</u>、<u>火災の原因</u>となるため危険。

 A154 ◯　オーブン加熱の食品は、<u>対流伝熱</u>、<u>放射（輻射）</u>伝熱、<u>伝導伝熱</u>に、水蒸気による<u>潜熱</u>加熱が加わるため、調理時間が短くなる。

得点アップのツボ！　誘電加熱とは、マイクロ波を利用した電子レンジによる加熱方法。食品内部の水分子を激しく振動させて生じる、摩擦熱で加熱します。

Q155
□□□ 粉砕とは、食品を2つ以上に分ける操作で、包丁や皮むきなどが使われる。

---

⑤調理施設と設備

Q156
□□□ 大量調理施設衛生管理マニュアルの検食の保存期間は、1週間以上と決められている。

Q157
□□□ 大量調理施設では、調理場は湿度80％以上、温度は25℃以上に保つことが望ましいとされている。

Q158
□□□ 調理台は、50％アルコール噴霧、またはこれと同等の効果を有する方法で殺菌を行う。

Q159
□□□ クックチルとは、食材を加熱調理後、急速冷凍を行い、喫食時間に合わせて再加熱し、提供する調理システムである。

Q160
□□□ ささがきは、葉物の野菜を切るときに適した切り方である。

得点アップの ツボ！ クックサーブは、食材を加熱調理したあと冷凍や冷蔵をせずに運搬し、速やかに提供することを前提とした調理方法です。

A155 粉砕とは、食品の組織を破壊し、**粉末状**や**粉状**、**ペースト状**にすること。すり鉢、ミキサー、おろし金が使われる。

A156 保存検食は、食中毒などの衛生上の事故に備えて、原材料および調理済み食品を、食品ごとに**50g**程度ずつ**清潔な**容器に入れて**密閉**し、**−20℃**以下で、**2週間**以上保存する。

A157 湿度**80**％以下、温度は**25**℃以下に保つことが望ましいとされている。また食品の調理過程ごとに、汚染作業、非汚染作業（清潔作業、準清潔作業）の区域を明確に区別する。手洗い設備、履き物の消毒設備は、各作業区域の入り口手前に設置する。**ドライシステム化**を図ることが望ましいとされている。

A158 殺菌は、**70**％アルコール噴霧またはこれと同等の効果を有する方法で行う。エタノール（アルコール）の殺菌効果の至適濃度範囲（有効範囲）は、WHOガイドラインにおいて**60〜80**％とされている。

A159 クックチルは、加熱調理後**30**分以内に急速冷却を開始し、**90**分以内に芯温**3**℃に冷却し、0〜3℃で冷蔵保存する。クックフリーズは、加熱調理後30分以内に凍結を開始し、90分以内に中心温度−5℃以下まで、最終的には−18℃まで急速凍結して冷凍保存する。

A160 ささがきは、細い野菜を回しながら、えんぴつを削るように切る切り方で、**ごぼう**などを切る場合に用いる。

 パントリーとは、主厨房に隣接した食料品室、食器室のことです。

試験勉強のポイント！

- 出題範囲は、食文化についての事柄
- 調理師という仕事の変遷、職務と社会的役割について
- 自然環境や宗教によって形成される食文化、日本料理・西洋料理・中国料理の特徴、食事様式、歴史について
- 日本の食文化史、地域や宗教によって異なる特徴についての問題は必出。それぞれよく整理して覚えておこう

1 食文化と調理師

①食文化継承者としての調理師 （CHECK!□□□）

2013（平成25）年12月、「和食；日本人の伝統的な食文化」が、ユネスコ無形文化遺産に登録された。日本料理の技術や精神のみならず、古くから伝わる行事料理や郷土料理の価値を見直し、次世代へ受け継いでいくことは、調理師の大切な任務である。

②日本の料理人の歴史 （CHECK!□□□）

平安時代	きじ、たい、こい、ますなどの単品料理を調理。
鎌倉時代	公家のみならず、武家に仕える料理人が誕生。
室町時代	この頃、料理人を庖丁人（ほうちょうにん）と呼ぶようになる。
安土桃山時代	長崎や平戸にできた南蛮人（なんばんじん）の商館や屋敷で働く日本人の料理人が登場。
江戸時代	外食文化の発展に伴い、高級割烹（かっぽう）をはじめ、大衆的な料理屋や屋台に勤める料理人も現れる。徒弟制度成立の基礎にもなる。

調理師の役割
調理師は全員、えいっ！と文系の勉強を。
食の安全、食品衛生、食文化の継承

③調理師法の制定 CHECK! □□□

戦後、「食生活の向上」「国民の健康増進」に対する施策を受け、国家資格としての調理師免許制度の制定を望む声があがる。

__1958__（昭和33）年には、__調理師法__が公布・施行された。「調理師」は都道府県知事から調理師免許を受けた者の呼称であり、法の施行を機に、板前、コック、司厨士、炊夫などの呼称が「__調理師__」に統一された。

④調理師の職務 CHECK! □□□

調理師の職務は、おいしく栄養のある食事を提供するだけでなく、__食の安全__や__食品衛生__、__食文化の継承__に関する知識の習得が求められる。

2 食と文化

①自然環境と食文化 CHECK! □□□

米、小麦、雑穀、いも類など主食となる__主作物__は、その地域の__自然環境__との合致で決まる。また植物が育たない地域では、動物性食品が主食となる。

②宗教にみる食物禁忌（タブー） CHECK! □□□

宗教や習慣によって、特定の食材の使用を禁止・制限することを__食物禁忌__という。それぞれの宗教の食物禁忌を整理して覚えておこう。

覚える! 宗教と主な食物禁忌 関連用語

__イスラム教__ 出る!	豚肉、アルコール類、血液
__ヒンズー教__ 出る!	すべての食肉（特に牛肉）
__ユダヤ教__ 出る!	豚肉、うろことひれのない魚（えび・いか・うなぎなど）、血液。1回の食事で肉と乳製品を一緒に食べてはいけない。
__仏教__ 出る!	生き物を殺傷してはいけないという思想「殺生戒」が重んじられ、僧侶や信者の中には、普段から、肉、酒を断っている人もいる。

 調理師法
一級ご飯を生み出す調理師法。
1958年、調理師法

③3大食法文化圏 （CHECK! □□□）

<u>食法</u>とは、いわゆる食べ方のこと。**<u>手食</u>**（てしょく）、**<u>箸食</u>**（はししょく）、**<u>ナイフ・フォーク・スプーン食</u>**に大別される。なかでも、手食は宗教と深く結びついており、イスラム教やヒンズー教では、食事に使用する手は右手とされる。

覚える! 3大食法文化圏　関連用語

手食 出る!	東南アジア、中東、オセアニア、アフリカなど
箸食 出る!	日本、中国、韓国、北朝鮮、台湾など
ナイフ・フォーク・スプーン食 出る!	ヨーロッパ、南北アメリカなど

④大航海時代と食材の伝播（でんぱ）（CHECK! □□□）

15世紀に始まった<u>大航海時代</u>には、**<u>コロンブス</u>**により新大陸からヨーロッパへ、**<u>とうもろこし</u>**、**<u>じゃがいも</u>**、**<u>さつまいも</u>**、**<u>かぼちゃ</u>**、**<u>トマト</u>**、**<u>とうがらし</u>**などの新食材がもたらされた。特に、じゃがいもは<u>救荒作物</u>（きゅうこう）として、飢饉にあえぐドイツやアイルランドの食生活を救った。

⑤日本人と米 （CHECK! □□□）

<u>稲作文化</u>の成立は<u>定住生活</u>を可能にし、周囲に集落も誕生させた。特に米は、日本の社会において、<u>ハレ</u>（特別な日）の食事に欠かせない貴重な伝統食材として重視されることとなった。

⑥食の国際化 （CHECK! □□□）

食料を輸出入する相互依存の関係が築かれ、海外に出かけていかなくても、世界各地の食に触れることができる状況を<u>食の国際化</u>という。

3　日本の食文化

①日本の食生活史 （CHECK! □□□）

それぞれの時代において、日本の食文化がどのように移り変わっていったのか、その流れを押さえておこう。特に食材や料理形式の変遷に注目しながら、理解を深めよう。

コロで覚える!　救荒作物
代休使ってじゃがいも栽培。
<u>大航海時代</u>、<u>救荒作物</u>、<u>じゃがいも</u>

覚える！

日本の食文化史　関連用語

縄文時代	土器の誕生により、生食や焼いて食べるだけの調理法に、煮炊きが加わる。
弥生時代	稲作の普及で、狩猟・採集・漁猟から農耕生活へ移行する。
飛鳥時代	肉食禁止令（675年）発布。仏教思想の浸透で、肉食を避けるようになる。
奈良時代	米で税を納める制度が確立。
	遣唐使たちの往来で、唐菓子（揚げ菓子）伝来。唐僧・鑑真によってもたらされた砂糖は高価な薬用品として、貴族たちに珍重された。
平安時代	貴族社会で、大陸から伝わった大饗料理が流行。
鎌倉時代	この頃、米の食べ方が、蒸し飯の強飯から、水を加えて炊く姫飯へ移行し始める。また調理技術も大きく進展する。
	武家社会で禅宗が流行。僧侶たちが伝えた精進料理や点心（禅僧の間食）、茶が広まる。
室町時代	日本料理の基本的形式である本膳料理が成立。武家社会の饗応料理として、定着する。形式は式三献の儀礼のあと、饗の膳が供される。
	この頃、大豆の生産量が伸びる。みそ汁を飲む習慣も普及し始める。
安土桃山時代	千利休の茶の湯の大成とともに、懐石料理が成立。
	ヨーロッパとの交易（南蛮貿易）開始。南蛮菓子（カステラ・ボウロ・タルト・鶏卵素麺・アルヘイトウ・コンペイトウなど）や南蛮料理（南蛮煮・南蛮漬けなど）が伝わる。
江戸時代	料理屋文化が花開き、専門料理人が出現。庶民の外食に一膳飯屋やにぎりずしなどの屋台も登場する。
	酒を楽しむ酒宴料理として、会席料理（現在の宴席の形）が流行する。祝紗料理（略式本膳料理）も発達。

第6章 食文化概論　試験勉強のポイント

ゴロで覚える！　日本の料理形式
台本書いたら、紹介しよう。
大饗料理、本膳料理、懐石料理、精進料理、会席料理

江戸時代	海外との往来が許されない鎖国体制下にあったが、交流の許された中国の影響を受けた卓袱料理や、来日した禅僧がもたらした普茶料理（寺卓袱、黄檗料理）が発達した。
明治時代	肉食が見直され、牛鍋（すき焼き）、牛乳、ハムなどの新しい味が誕生。
	居留地を中心に、西洋料理や西洋野菜が流行した。
	日本人化学者により、グルタミン酸ナトリウムが発見された。
大正時代	和風と外国風を折衷した日本独自の洋食や中華が誕生。（3大洋食⇒ライスカレー、とんかつ、コロッケ）
	生活の合理化が進み、栄養教育が発達。
	家族で囲むちゃぶ台が家庭で徐々に普及。
昭和時代	第2次世界大戦の勃発で、食料の配給制が開始される。戦後は家庭用電化製品や調理加工食品の開発、外食産業の発展などの動きがみられた。

②日本料理の特徴と様式　(CHECK! □□□)

　日本料理は素材の持ち味を生かし、目で楽しむ料理。旬の素材を生かすための切り方（包丁さばき）も重視される。また料理を引き立てたり、季節感を表現する目的で、器の選び方や盛り付けにも気を配る。

覚える！ 日本料理様式　関連用語

本膳料理 出る！	武家社会の饗応食として確立。本膳、二の膳、三の膳などからなり、献立は一汁三菜、二汁五菜、三汁七菜などで構成される。
懐石料理 出る！	茶事の際、亭主が客をもてなす食事。旬の食材を使った一汁三菜が基本。茶懐石とも呼ばれる。
会席料理 出る！	宴席に供される饗宴料理で、酒を楽しむ形式。1品ずつ供されるため、喰い切り料理ともいう。
袱紗料理 出る！	略式の本膳料理。見かけより実質を重視したもの。

ゴロで覚える！　日本の食文化史
大将の影響で洋食好きに！
大正時代には栄養教育が発達。洋食が誕生

精進料理 出る!	禅宗の戒律に基づき、動物性食品（生臭物）は用いず、豆腐や野菜など植物性食品のみで作られる料理形式。銘々膳を使用する。味付けは比較的淡白。
卓袱料理 出る!	長崎で生まれた、和風と中国風の折衷料理。円卓を囲み、大皿料理を皆で取り分けて食す。
普茶料理 出る!	明の禅僧・隠元によって伝えられた中国風精進料理。大皿料理を皆で取り分けて食す。最近では、伝来当初より油の使用が控えられる傾向にあるという。

③日本の行事食 （CHECK! □□□）

古くから日本人は年中行事を大切にし、それに伴う行事食（正月のおせち料理や大みそかの年越しそばなど）を守ってきた。また、お食い初めや背負い餅など人生の通過儀礼に伴う行事食も多数ある。

④現代の食環境 （CHECK! □□□）

現代は核家族化、少子高齢社会の到来などに伴う食生活の問題が多様化している。現代の食生活の特徴について覚えよう。

覚える! 現代の食環境　関連用語

食環境の変化	孤食の深刻化。解決策としての独居老人などへの宅配サービスや給食市場の拡充。
	外食や中食に依存する食の外部化（外部の厨房で調理された食事中心の生活）の進行。
	トレーサビリティ（追跡可能性）制度の導入。BSEや食品偽装の問題などで、食の流通経路への関心が高まる。
	食品ロス削減のためのエコクッキングの実践。
	低下する食料自給率の問題を重視し、生産者保護を目指す「食料・農業・農村基本法」が1999（平成11）年に制定。

コロで覚える! 食環境の変化
トレーニングさぼり、聖火を2つ追加。
トレーサビリティ＝（生産・加工・流通）追跡可能性

現代の食の志向	①健康志向→生活習慣病予防への意識の高まり。特定保健用食品(トクホ)、サプリメント(栄養補助食品)。 ②グルメ・高級化志向→高級食材、ランキングブック、ブランド食品、産地直送やお取り寄せの流行。 ③簡便化志向→冷凍食品・レトルト食品などの調理加工食品市場の拡大。多様化するファストフード。
未来の課題	①環境汚染による砂漠化・温暖化への対策。 ②食育の実践→2005(平成17)年、「食育基本法」公布。 ③伝統食を見直す活動：スローフード・地産地消。 ④飢餓問題解決への食料の安定供給。

⑤いろいろな日本の郷土料理　CHECK! ☐☐☐ 出る!

　<u>郷土料理</u>は、その地域独自の食材や方法で調理された伝統料理のこと。主な郷土料理に、**石狩鍋**(北海道)、**ずんだ餅**(宮城県)、**きりたんぽ**(秋田県)、**しもつかれ**(栃木県)、**深川飯**(東京都)、**治部煮**(石川県)、**おやき**(長野県)、**船場汁**(大阪府)、**祭り寿司**(岡山県)、**いずみや**(愛媛県)、**冷や汁**(宮崎県)、**鶏飯**(鹿児島県)、**ゴーヤーチャンプルー**(沖縄県)がある。

4 西洋料理と食文化

①西洋料理の変遷　CHECK! ☐☐☐

　西洋料理は、18世紀に集大成された**フランス料理**に端を発する。①<u>加熱の技術に優れる</u>、②<u>肉・パンをよく食べる</u>、③<u>牛乳・乳製品をよく使う</u>、④<u>香りを楽しむ</u>、などの特徴が挙げられる。

覚える! 西洋料理の変遷　関連用語

古代ローマ	美食家**アピキウス**が活躍。世界最古の料理書『ラルス・マギリカ』を著す。
中世	香辛料貿易が活発化。14世紀には、フランス料理界の先駆者**タイユヴァン**が『食物譜』を著す。
ルネサンス期	香辛料貿易で財をなしたフィレンツェの**メディチ家**のカトリーヌがフランス王室に嫁ぐ。同行の料理人が、**シャーベット**や**マジパン**などの菓子技術を伝える。

食環境の未来の課題
観戦してショック！　スローボールじゃ3勝する気がしない。
環境汚染・食育・スローフード・地産地消・飢餓問題

254

18〜19世紀	フランスで洗練された豪華な料理文化「グランド・キュイジーヌ (高級料理)」が開花。フランス革命後は、多くの王侯貴族に仕えていたシェフたちが町へ出て、飲食店を営むようになる→レストランの誕生。
	アントナン・カレーム、ユルバン・デュボワらが活躍。
20世紀以降	エスコフィエ、フェルナン・ポワンらが活躍。特にポワンは1970年代に盛り上がりをみせる「ヌーベル・キュイジーヌ (新しい料理)」の担い手となるポール・ボキューズ、トロワグロ兄弟らを育て上げる。
	料理に関する知識を体系的にまとめた『ラルース料理百科事典』などの名著が生まれる。

②西洋諸国の料理と食材　(CHECK! □□□)

調理法や食材など、国それぞれに特徴がある。

覚える！ 主な西洋料理と食材　関連用語

フランス	宮廷料理の流れをくむ。多彩なソースが特徴。 ⇒フォアグラ、トリュフ、エスカルゴ
イタリア	素朴で家庭的。トマトやオリーブオイルの多用。 ⇒パスタ類、ピッツァ、リゾット、ティラミス、パンナコッタ、エスプレッソ
スペイン	オリーブオイル、にんにく、ハムやソーセージなどの豚肉加工品の多用。 ⇒パエリャ、ガスパチョ、コシード、シェリー
イギリス	シンプルな味付けと調理法。アフタヌーンティーやハイティーなどの喫茶習慣がある。 ⇒ローストビーフ、フィッシュアンドチップス
ドイツ	肉の煮込み料理が多い。ハム・ソーセージなどの豚肉加工品も多く用いる。 ⇒ハンバーグステーキ、クネーデル、ザウアークラウト、バウムクーヘン、ビール

ゴロで覚える！ 食器の伝播
イチローは痛くてもフラフラしない。
16世紀、イタリアからフランスにナイフ・フォーク・スプーンが伝わった

スイス	特産のチーズを生かした料理が多い。 ⇒**チーズフォンデュ**、**ラクレット**
東欧諸国	肉料理が主。塩漬け・酢漬けなどの保存食も多い。⇒**ハンガリアングーラッシュ**（ハンガリー）
バルカン諸国	中東料理の影響が大きい。ギリシャではオリーブオイルが調理の基本。⇒**ムサカ**（ギリシャ）
北欧諸国	魚介類の乾物や燻製などの保存食が発達。 ⇒**スモーブロー**（デンマーク）
ロシア	寒冷な気候のため、体を温める料理が多い。 ⇒**ボルシチ**、**カーシャ**、**ピロシキ**
アメリカ	移民の影響で、各国の料理の特徴が入り混じる。 ⇒**バーベキュー**、**ポークビーンズ**、 **クラムチャウダー**、**ハンバーガー**

5 中国料理と食文化

①中国料理の特徴 （CHECK!□□□）

①<u>医食同源</u>思想を重んじる（食材の薬効を説いた『**本草綱目**』がルーツ）、②あらゆる食材を**無駄なく**使う、③**少ない**調理道具を活用する、④利便性のある**乾燥食材（干貨）**を多用する、といった特徴がある。また**満漢全席**は、中国史上最高の宴席形式として評価されている。**清の乾隆帝**の時代に完成した饗宴料理である。

②中国４大料理 （CHECK!□□□）

北部の主食は**小麦**、南部では米が基本。地方により、料理の食材や特徴が異なる。

覚える！ 中国の４大料理　関連用語

北京料理（北方系）**出る！**	小麦粉素材の点心を常食。北部にいくほど塩分、油分が強くなる。 ⇒北京烤鴨（**北京ダック**）、涮羊肉（**羊肉のしゃぶしゃぶ**）

上海料理（東方系）出る！	川や海の豊富な魚介類を多用。甘味、塩味、辛味に偏りがなく、親しみやすいのが特徴。 ⇒東坡肉（豚の角煮）、西湖醋魚（草魚の甘酢あんかけ）
四川料理（西方系）出る！	内陸部で発達。調味料や香辛料の組み合わせが巧み。辛味をきかせた料理が特徴。 ⇒麻婆豆腐（豆腐と挽肉の辛みそ炒め）、回鍋肉（ゆで豚と葉ニンニクの辛みそ炒め）
広東料理（南方系）出る！	豊富な食材を多彩に調理。飲茶の習慣あり。点心の種類も1,000種を超える。 ⇒咕咾肉（酢豚）、烤乳猪（子豚の丸焼き）

6 エスニック料理と食文化

①エスニック料理の特徴　(CHECK! □□□)

エスニックとは、「民族の」という意味。日本においては、アジア、中東、中南米の料理を指してエスニック料理とすることが多い。

覚える！ エスニック料理と食材　関連用語

韓国	キムチ、コチュジャン、プルコギ、ビビンパ、チヂミ、クッパ、ナムル、サムゲタン
ベトナム	ヌクマム（魚醤）、ゴイクン、フォー、バンセオ
タイ	ナンプラー（魚醤）、プリッキーヌ、マナオ、カピ、トムヤムクン、グリーンカレー
インド	タンドリーチキン、ガラムマサラ、チャパティ、ナン、ラッシー、チャイ、マサラティー
トルコ	シシカバブ、ドルマ、チャイ、ターキッシュコーヒー
メキシコ	トルティージャ、タコス、ワカモレ、サルサ、エンチラーダ、テキーラ
アルゼンチン	エンパナーダ、アサード、マテ茶
ブラジル	シュラスコ、フェジョアーダ、カイピリーニャ

ゴロで覚える！　魚醤（ぎょしょう）
行商が飼っている軟体動物、ベッドで温もる。
ナンプラーはタイ、ベトナムではヌクマム

❶食文化と調理師

Q001

調理師の職務は、専門的な知識と調理技能の研鑽（けんさん）に励み、人びとに安心で、おいしい食事を提供することにある。

Q002

出る！

2013（平成25）年12月、「和食：日本人の健康的な食文化」が、ユネスコ無形文化遺産に登録された。

Q003

室町時代には、見習い中の弟子が親方のもとで年季奉公（ねんきぼうこう）を行い、料理の技術を身に付ける徒弟制度が成立した。

Q004

1958（昭和33）年に、「食生活の向上」と「国民の健康増進」を担う国家資格「調理師」を認定する食育基本法が制定された。

Q005

調理師は、安全な食事を提供する姿勢を大切にし、正しい食品衛生などの知識を身に付けなければならない。また、食生活の国際化、食の外部化、生活習慣病の多様化、高齢社会などの諸問題にも的確に対応することが求められる。

❷食と文化

Q006

食文化とは、地域や民族、社会などにおいて、共有・習得されながら、長い年月をかけて受け継がれてきた成果の総体である。

Q007

いかなる食文化も、優劣をつけるべきではない。

得点アップのツボ！ 現代を生きる調理師として、世界の食の問題解決に意欲的に向き合う必要があることを意識しておきましょう。

調理師免許を取得するには、「①都道府県知事が指定する**調理師専門学校（調理師養成施設）**に**1**年以上在籍し、必要な知識や技術を習得し卒業する」「②**2**年以上の**飲食店**などでの調理の実務経験ののち、各都道府県で実施される調理師試験に合格する」という2つの手段がある。

登録された名称は、「和食；日本人の**伝統的**な食文化」。なおここでの「和食」の定義には、日常食や郷土料理、行事食だけを示すのではなく、食にまつわる日本人の伝統的な習慣や継承されてきた技術や工夫の系譜なども含まれる。

徒弟制度の成立は、**江戸時代**。幕藩体制が崩壊したあと、日本料理の親方たちは**部屋**と呼ばれる**料理人紹介所**を開き、弟子たちを花街などに派遣した。

食育基本法ではなく、**調理師法**が制定された。これを機に、専門分野ごとに、合理的な調理技術の向上を目指す**調理師会**の組織・運営などが認可された。

調理師は、伝統的な食文化の掘り起こしなどを通して、地域食材の有効利用などに積極的に取り組んでいくべきである。食文化の変容を理解しながら、**伝統食の継承**に努める役割を担う職業でもある。

食文化は、人間が自然や社会と向き合い、努力してきた発想の集大成である。その差異は**食事作法（マナー）**や**食物禁忌**（**タブー**）、調理法などにはっきりと表れる。

世界中には**たくさんの民族**がいて、**その土地特有の食文化**が根付いている。これを食べるから優位であるとか、食べないから劣っているという判断を下してはならない。

得点アップのツボ！　調理師が取り組むべき伝統的な食文化の掘り起こしには、地産地消、郷土料理の見直し、スローフード運動などがあります。

Q008
□□□
主食となる作物（米、麦、雑穀、とうもろこし、いも、バナナなど）の選択は、各地域の自然環境と植物の生育条件との合致によって決まる。

Q009
□□□
出る！
ユダヤ教の食物禁忌（しょくもつきんき）は、牛肉、アルコール類、血液である。

Q010
□□□
世界には大別して、手食文化圏、箸食文化圏、ナイフ・フォーク・スプーン食文化圏の３つの食法文化圏がある。

Q011
□□□
東アジアや東南アジアの多くの国は、箸食文化圏である。特に日本には、探り箸や刺し箸、渡り箸など、箸使いに関する多くのタブーがある。

Q012
□□□
農業を中心にすえた農耕文化の発展は、食糧生産を安定させ、定住生活を可能にした。

Q013
□□□
大航海時代におけるコロンブスの新大陸発見は、新大陸（南米）原産のかぼちゃやとうもろこし、トマト、じゃがいも、とうがらしなどが、世界をめぐるきっかけとなった。

Q014
□□□
日本で常食する米は、インディカ種である。

Q015
□□□
食の国際化とは、日本にいながら世界各地の料理や食品を味わうことができることをいう。

得点アップの ツボ！ 主食とは、1年間に消費する総エネルギー量の3分の1以上をまかなうことができる食物として考えます。

A008 ○

<u>主食</u>とは、日常の食事においてエネルギー源の中心となる食物で、<u>安定供給</u>できるものが望ましい。主となる作物が育たない環境では、豚、牛、羊などの獣肉や乳が主食となる。

 A009 ×

宗教上の理由などで、ある種のものを食べない行為を<u>食物禁忌(タブー)</u>という。ユダヤ教の世界では、<u>豚肉</u>、<u>血液</u>、<u>うろことひれのない魚介類</u>などが禁じられている。

 A010 ○

<u>イスラム教</u>や<u>ヒンズー教</u>では、「食前に手を洗う」「右手を使う」「3本の指で食べる」など、<u>手食</u>に関する厳しいマナーが数多くある。

 A011 ○

箸食は中国文明の<u>火食</u>から発生した。大陸から日本に箸が伝来したときには匙も一緒に使っていたとされるが、やがて器に直接口をつける習慣が定着し、箸のみの使用となった。

 A012 ○

狩猟・漁猟・採集などの自然物採集生活から、農耕生活への移行は<u>約1万年以上前</u>とされる。

 A013 ○

大航海時代は15世紀に始まった。16世紀に伝わった<u>じゃがいも</u>は、<u>救荒作物</u>(凶作に備えて育てる作物)としてヨーロッパ諸国の飢饉を救った。

 A014 ×

日本で常食している米は、<u>ジャポニカ種</u>。稲の発祥地は<u>アッサム・雲南地方</u>である。稲作の日本への伝来は縄文時代後期に始まり、弥生時代に本格的に普及した。

 A015 ○

日本国内にいながらにして、世界中の食材や料理を味わい楽しむことができる半面、多くの輸入品に支えられているという、<u>食の不安定要素</u>も忘れてはならない。

得点アップのツボ! 日本は食料の多くを海外からの輸入に頼っており、食料自給率は世界の主要国の中でも極めて低いレベルとなっています。

Q016
これからの調理師には、地球が直面している環境汚染、温暖化や砂漠化、飢餓などの問題解決を目指し、食料資源の安定供給に目を向けることが求められている。

❸日本の食文化

Q017
縄文時代の食生活は、狩猟や漁猟などを中心とした自然物の採集生活が主であった。また土器の使用が始まり、調理に煮炊きが加わった。

Q018
古墳時代になって、大陸から縄文時代の終わりに伝わった稲作が徐々に定着をみせ、農耕を主体とした食生活へと移行した。

Q019
675年、キリスト教伝来の影響により、殺生戒を重んじる天智天皇により、肉食禁止令が出された。

Q020
奈良時代には、唐からの渡来僧・鑑真（がんじん）が砂糖をもたらした。しかし当時は調理などには使用されず、高価な薬用品として珍重された。

Q021
鎌倉時代には、公家社会で、もてなしの宴会料理である大饗料理が発達した。それぞれの客の手前には自分用の飯と調味料が置かれ、卓上の料理を自分好みに調味しながら食べていた。

Q022
強飯（こわいい）とは米を水で炊いた(炊飯した)もの、姫飯（ひめいい）とは米を蒸したものである。

得点アップの ツボ! 縄文時代の遺跡で発見された化石から、当時の人びとは堅果類（けんかるい）を粉にし、クッキー状に加工して食べていたことがわかります。

A016 ○

食料資源の減少、加速する世界の人口増加に伴う**食の安定供給**などの食料需給問題は、これから向き合うべき重要な課題である。

 A017 ○

縄文時代には、狩猟や漁猟などによる自然物の**食料採集**が中心であったが、煮炊きによる調理もしていた。**あく抜き**の方法を考案し、ドングリ・トチノミ・クリなどの**堅果類**も食べていたとされる。

 A018 ×

本格的な農耕生活へと移行するのは**弥生時代**。米のほかにも、**麦やあわ、ひえ**などの雑穀の栽培も行われた。

 A019 ×

仏教を崇拝する政治の影響を受け、動物を殺したり、傷つけたりしてはならないとする**殺生戒**の思想が重んじられた。675年、**天武天皇**により肉食禁止令が定められた。

 A020 ○

遣唐使たちの往来により、**砂糖**をはじめ、**唐菓子**（米粉や小麦粉を練って、油で揚げた嗜好品）や乳製品などの大陸由来の食材が伝来した。しかし、砂糖は貴重品であった。

 A021 ×

大饗料理は、奈良時代に伝来し、平安時代に発達したとされる。しかし、当時はまだ調理技術は発達しておらず、魚介や野菜、果実の塩蔵品や乾物が単品で器に盛られるというスタイルであった。

 A022 ×

水で炊いた飯が姫飯、蒸したものが強飯。強飯を干した保存食品は**糒**といい、兵糧や旅などの携行食として用いられた。

 得点アップのツボ！ 最初の肉食禁止令では牛、馬、犬、鶏、猿の食用が禁じられました。以来、肉食禁忌の風潮は、明治時代まで続きました。

Q023
□□□

室町時代には、禅宗の質実剛健な思想とともに、
精進料理や茶が普及した。

Q024
□□□
出る！

室町時代から安土桃山時代にかけて、一休により
茶の湯が大成された。それに伴い、茶の湯の前に
提供される懐石料理の基礎も築かれた。

Q025
□□□

安土桃山時代には、日本料理形式の基礎となる本
膳料理が成立した。

Q026
□□□

江戸時代の鎖国下で、外国との窓口であった長崎
の出島にて、中国料理の影響を受けた卓袱料理が
生まれた。

Q027
□□□

江戸時代には、都市の庶民生活の中で外食が盛ん
になり、一膳飯屋などの簡易食堂や、にぎりずし・
そばなどの屋台が繁盛した。

Q028
□□□

明治時代以降、西洋料理との出会いにより、肉食
や乳製品の効能が見直された。また時を同じくし
て、あんパンや牛鍋など、日本人の嗜好に合った
独自の折衷料理も生まれている。

Q029
□□□

昭和時代には第2次世界大戦に参戦し、食料が配
給制となる。戦後には、レトルト食品やインスタ
ント食品などの調理加工技術が発展した。

得点アップの ツボ！ 鎌倉時代に発展した精進料理は、植物性の材料のみを用いて作られる料理です。銘々膳を使用し、味付けは淡白に仕上げます。

鎌倉時代に発達した精進料理は、生臭物（動物性食品）を用いない料理形式をいう。永平寺の道元ら、禅僧たちが伝えたとされる。また、栄西らによって、茶の飲用が貴族社会のみならず、武家社会にも広められた。

茶の湯の大成者は、千利休である。元来「懐石」は、禅宗の僧侶が空腹と寒さをしのぐために、温石を懐に入れていたことに由来する。軽く腹を満たす程度の食事という意味が込められている。

本膳料理は、室町時代の武家の式正料理で始まり、江戸時代に発達した。食器には、黒もしくは朱塗りの漆器が使用される。明治時代以降、徐々に衰退した。

江戸時代に中国料理の影響を受けて生まれた卓袱料理は、日本風と中国風を融合した形で楽しまれた。大皿盛りの料理を円卓で楽しむこの料理形式は、大正時代に普及するちゃぶ台の原型ともいわれる。

江戸時代の外食文化は、都市を中心に華々しく発展した。専門料理人や食通なども登場し、その隆盛に一層の拍車をかけた。なお、高級な料理茶屋で楽しまれた料理は会席料理であり、現在の日本料理の宴席の原型である。

明治時代における動物性食品の見直しは、富国強兵政策に基づく強い国家作りの理念からくるものであった。特に肉食奨励によって、西洋諸国の人びとに劣らぬ強壮な体作りが目指された。

戦後は調理加工食品のみならず、電気釜や電気冷蔵庫など、台所家電の開発も大きく進展した。なかでも、電気釜はベストセラー商品となった。

得点アップの ツボ！　明治時代には、牛肉を味噌や醤油で煮込んだ牛鍋が誕生し、文明開化の味として称賛されました。

Q030 昨今、少子化や高齢化の急激な進行に伴い、1人で食事をとる孤食が増加している。

Q031 飽食の時代といわれた1970年代以降の日本の食生活の特徴に、健康志向とグルメ・高級化志向の2つの食志向が挙げられる。

Q032 食の外部化の進行で、調理加工食品（弁当や惣菜）を持ち帰って家庭で食べる内食が増えてきている。

Q033 食の安全・安心に対する消費者の意識の高まりで、販売されている食物の生産履歴を明確にするトレーサビリティ制度が導入されるようになった。

出る!

Q034 地域独自の調味料や食材で調理された料理を、郷土料理という。たとえば、宮城県のきりたんぽ、栃木県のしもつかれ、宮崎県のいずみやなどが有名である。

出る!

Q035 近年、食材を無駄なく使うエコクッキングが、関心を集めている。

Q036 五節句の1つである重陽の節句では、紅葉を浮かべた酒を飲み、長寿を祈願する。今日ではあまりみられない年中行事である。

得点アップの **ツボ!** 郷土料理には、伝統的な料理のほか、宇都宮餃子や横手焼きそばなど地域おこしの一環として新しく見直されたものがあります。

A030 ○ 子どもや高齢者の<u>孤食</u>により引き起こされる栄養バランスの偏りが特に問題視されており、昨今では、高齢の独居老人を対象に<u>配食サービス</u>が見直されている。

 A031 × 現代の食志向は、生活習慣病の予防をふまえ、サプリメントや特定保健用食品などを利用する<u>健康志向</u>、お取り寄せやグルメを愛好する<u>グルメ・高級化志向</u>、調理加工食品や<u>中食</u>に頼りがちな<u>簡便化志向</u>の3つが挙げられる。

 A032 × 調理加工食品（弁当や惣菜）を持ち帰って家庭で食べるのは<u>中食（なかしょく）</u>。内食は、家庭の台所で素材から手作りで調理した食事、<u>外食</u>はレストランなど家庭外でする食事のことを指す。

 A033 ○ <u>トレーサビリティ</u>はもともと航空部品の流通業界の専門用語であったが、食品の偽装表示・残留農薬などの問題から、食品流通業界でも使用されるようになった。

 A034 × <u>きりたんぽ</u>は秋田県、<u>いずみや</u>は愛媛県の<u>郷土料理</u>である。昨今は、学校給食を通して、地域の食文化の特質について学ぶ食育活動も盛んである。

 A035 ○ <u>エコクッキング</u>では、食材を買いすぎない、料理を作りすぎない、残り物を利用する、食材を無駄なく使う、効率よく調理器具を使用するなどの取り組みを重視している。

 A036 × <u>五節句</u>の行事食には、人日（じんじつ）（正月7日）の春の七草かゆ、上巳（じょうし）（3月3日）のひし餅やひなあられ、白酒、端午（たんご）（5月5日）の柏餅やちまき、七夕（しちせき）（7月7日）の冷麦やそうめん、重陽（ちょうよう）（9月9日）の<u>菊の花びら</u>を浮かべた酒や本膳料理などがある。

得点アップの ツボ！ 五節句以外の主な行事食に、冬至（かぼちゃ）、大みそか（年越しそば）、十五夜（月見団子）、七五三（千歳飴）などがあります。

Q037
□□□
出る!

日本料理とは、旬の食材の持ち味を生かし、素材にしっかりと味をつけ、楽しむ料理で、盛り付けにはこだわる必要がないため、器の種類も多くはない。

Q038
□□□

江戸時代に成立した会席料理は、料理屋の宴会料理として発達した。酒をのみながら、食事を味わう形式は、現在の宴会料理の基礎となっている。

Q039
□□□

江戸時代に受容された普茶料理（ふちゃ）は、中国から来日した道元によって伝えられたもので、銘々膳（めいめいぜん）で提供され、生臭物（なまぐさもの）（動物性食品）を用いず、あっさりとした内容で構成される。

❹西洋料理と食文化

Q040
□□□

世界最古の料理書『ラルス・マギリカ』を著したのは、古代ローマ時代のブリヤ＝サバランである。

Q041
□□□

1970年代のフランスでは、それまでの複雑で重い西洋料理を見直し、伝統的な料理法を参考としながら、栄養バランスや料理の簡素化を考慮するヌーベル・キュイジーヌの風潮が生まれた。

Q042
□□□

スウェーデンのスモーガスボードは、ビュッフェ（日本のバイキング）の原型である。

Q043
□□□
出る!

フォアグラ、トリュフ、エスカルゴは、スペイン料理に欠かせない食材である。

得点アップの ツボ! 一汁三菜を基本とした懐石料理は、季節感、新鮮な食材の使用、シンプルな盛り付け、料理と食器の調和などに配慮されています。

A037 ✕

日本料理は、旬の食材の持ち味を最大限に生かす調理法にこだわる料理。だしの使用や包丁さばきが重要視されるのはもちろん、料理や季節ごとに器を使い分ける。目で楽しむ料理ともいわれる。

A038 ○

会席料理は、同じ読み方をす茶の湯の懐石料理とは異なり、酒を楽しむ料理屋料理として発達した。江戸時代には、八百善など有名料理屋も登場した。

A039 ✕

江戸時代に普及した普茶料理は、中国の禅僧・隠元（黄檗宗）によって伝えられた精進料理。共同膳で供される料理の味つけは、油や葛を多用するため、比較的濃厚である。

A040 ✕

『ラルス・マギリカ』を著したのは、アピキウス。19世紀に活躍した美食家ブリヤ＝サバランは、『味覚の生理学』を著し、ガストロノミー（美味学）の発展に寄与した。

A041 ○

ヌーベル・キュイジーヌの命名は、料理研究家のアンリ・ゴーとクリスチャン・ミヨー。ポール・ボキューズ、トロワグロ兄弟、ジョエル・ロブション、アラン・デュカスなどの料理人が活躍した。

A042 ○

スモーガスボードは、さまざまな料理を大きなテーブルに並べ、各自が自由に取って食べる形式である。この形式をはじめて日本で採用したのは、帝国ホテルであった。

A043 ✕

いずれもフランス料理の定番食材である。またフランスには、地域特有のワインやチーズを守る文化も根付いており、ブランドとして保護される動きもみられる。

得点アップのツボ！ 普茶料理は二汁六菜、食卓を4人で囲むのが基本。植物油や葛を用いるのが特徴で、野菜や豆を肉や魚に見立てる料理の工夫もあります。

Q044

ローストビーフやフィッシュアンドチップスは、イタリアの名物料理である。また、イタリアには、スイーツやサンドイッチを味わいながら、紅茶を楽しむアフタヌーンティーの習慣もある。

❺中国料理と食文化

Q045

中国4大料理のなかでも、上海料理は内陸で発達した料理であり、辛味が強いという特徴を有する。

出る！

Q046

中国料理では、輸送や貯蔵の便を図って、魚翅（ふかひれ）・海参（なまこ）・燕窩（つばめの巣）などの干貨（ガンフウォ）という乾燥食材の利用が発達した。

Q047

満漢全席（まんかんぜんせき）は、唐の乾隆帝（けんりゅうてい）の時代に大成された豪華な宴席形式である。

Q048

中国の家庭料理の特徴として、北部では包子、餃子、麺などの粉食が中心、南部では粥、炒飯を主食に湯菜、炒菜、涼菜を添えるのが一般的とされている。

❻エスニック料理と食文化

Q049

アジア料理に共通する魚介類の発酵調味料「魚醤」（ぎょしょう）の種類はさまざまである。たとえばベトナムにはナンプラー、タイにはヌクマムという魚醤がある。

Q050

インドでは、ヒンズー教やイスラム教、仏教とのかかわりの深さから、牛肉や豚肉のみならず、動物性食品全般を忌避するベジタリアンが多い。

得点アップの**ツボ！** 中国料理に関する重要キーワードに、系統別の中国4大料理、満漢全席、医食同源・薬食帰一・薬食一如の思想が挙げられます。

ローストビーフ、フィッシュアンドチップス、**アフタヌーン
ティー**はいずれも**イギリス**の食文化である。アフタヌーンティ
ーは、**紅茶大国**ならではの食文化ともいえる。上品なサービ
スで提供される高級ホテルでのアフタヌーンティーは、観
光客にも人気である。

辛味の強い料理を特徴とするのは、**四川料理**。**北京料理**は油
分や塩分の強い味、**上海料理**は海鮮食材を多用し、甘味のあ
る味、**広東料理**は油分が少なく、あっさりした味が特徴。

輸送や貯蔵に便利な**干貨**は、民族間の紛争の絶えない歴史を
持つ中国の生活の中で重宝された。現在は、いずれも高級食
材である。

満漢全席は**清**の乾隆帝の時代に成立した。満州族と漢民族の
料理を味わうことができ、中国料理史上、最高の宴席形式と
いわれる。

中国の家庭料理を**家常菜**という。面積の広い中国では、北部
と南部とで大きく気候が異なるため、主食となる食材にも違
いがみられる。

ヌクマムは**ベトナム**、**ナンプラー**は**タイ**の魚醤である。また
日本の魚醤には、**しょっつる**、**いかなごじょうゆ**、**いしる**な
どがある。

ヒンズー教徒は牛を神の化身と考え、イスラム教徒は豚を不
浄の動物として口にしない。特に南インドには、**菜食主義者**
が多い。

得点アップの ツボ! ロシアのザクースカ（ウオッカとともに、キャビアや酢漬けニシンを
つまむ食事形式）は、オードブルの原型ともいわれています。

●著者紹介

編著者　伊東　秀子：担当＝公衆衛生学、食品衛生学
　　　　北里大学大学院修了　衛生学修士

執筆者　星屋　英治：担当＝食品学、栄養学、調理理論
　　　　佐伯栄養専門学校専任教員、管理栄養士

　　　　東四柳祥子：担当＝食文化概論
　　　　梅花女子大学食文化学部教授

本文デザイン／宮嶋まさ代
イラスト／くぼ ゆきお
編集協力／パケット

本書に関する正誤等の最新情報は下記の URL でご確認下さい。
https://www.seibidoshuppan.co.jp/support

※上記URLに記載されていない箇所で正誤についてお気づきの場合は、書名・発行日・質問事項（ページ数、問題番号等）・氏名・郵便番号・住所・FAX 番号を明記の上、郵送か FAX で成美堂出版までお問い合わせ下さい。※電話でのお問い合わせはお受けできません。
※ご質問到着確認後10日前後で、回答を普通郵便または FAX で発送いたします。
※ご質問の受付期間は、2025 年 1 月末までとさせていただきます。ご了承ください。

これだけ覚える 調理師一問一答問題集 '24年版

2024年 3 月 1 日発行

編　著　伊東秀子

発行者　深見公子

発行所　成美堂出版
　　　　〒162-8445　東京都新宿区新小川町1-7
　　　　電話(03)5206-8151　FAX(03)5206-8159

印　刷　株式会社フクイン